Der Mann hinter dem Loch in der Mauer

Georg Felsberg

Mit 57 Fotos des Autors

Verlag Klaus Laaser

Inhalt

Der Mann hinter dem Loch in der Mauer

Der Kassierer hinter dem Gitter im Loch in der Mauer hat meinen Fünfhundert-Takaschein – das sind etwa fünf Euro – entgegengenommen und mir eine Eintrittskarte fürs Lalbagh Fort in Dhaka auf die kleine Ablage gelegt. Nur seine rechte Hand sehe ich. Schöne, fein gegliederte dunkle Finger mit einer Narbe. Das fällt mir auf. Ich will im Fort zum roten Mausoleum von Bibi Pari, dem Feenmädchen, der Lieblingstochter von Shaista Khan. Sie ist sehr jung gestorben. „Unbedingt musst du dorthin“, hatte mir Abdul immer wieder gesagt, mein Fahrradrikschafahrer, der mir seit Tagen die Stadt zeigt.

Wo bleibt mein Wechselgeld? Ich warte. Die Karte kostet für Fremde hundert Taka. Was ist mit den restlichen vierhundert? Der Kassierer bedient jetzt andere Kunden, die sich neben mir drängeln. Ich frage nach.

„Hundert Taka hast du mir gegeben“, sagt die Stimme hinter dem Gitter. „Du hast hier deine Karte. Was ist das Problem?“

Ich beuge mich vor, um den Mann zu sehen. Nur eine dunkle Silhouette kann ich erkennen.

Ich protestiere, der Kassierer protestiert, die Leute ringsum finden das lustig und ungewöhnlich spannend.

Einer will genau gesehen haben, dass ich nur hundert Taka hineingereicht habe. Andere finden, dass er lügt.

Einige knuffen sich, andere sind empört.

Abdul, der alles mit angesehen hat, meint: „Du bist doch ein reicher Mann. Du kannst bis nach Bangladesch reisen. Sogar mit einem Flugzeug. Der da ist nur ein armer Schlucker. Streite dich nicht."

„Ich wollte den großen Schein wechseln, um dich nachher bezahlen zu können! Da kann ich nichts verwechselt haben."

„Weiß ich doch", sagt Abdul, der mich immer wieder überrascht. „Weiß ich doch alles, aber was willst du machen?" Er hebt eine Schulter, so, als sei so ein Streit nichts wert.

„Wir fahren zur Polizei!", sage ich mit meinem europäischen Kopf.

Alle reden auf mich ein: „Nur keine Polizei!"

Eine halbe Stunde später sitze ich im Polizeihauptquartier einem Offizier gegenüber. Wir trinken süßen Tee und unterhalten uns über unsere Familien. Abdul wartet draußen. Er hat auf der Fahrt hierher nur den Kopf geschüttelt.

Dem Polizeioffizier sage ich, dass es mir nicht ums Geld geht. Ich möchte nur, dass andere Touristen nicht mit demselben Trick hereingelegt werden. Falls wieder Klagen über den Kassierer kommen sollten, dann könnte meine Anzeige vielleicht helfen.

„Nein“, sagt er, „das muss sofort geklärt werden!“

Sechs schwer bewaffnete Polizisten begleiten mich in zwei Jeeps zum Tatort. Abdul strampelt hinterher. Die Kasse zum Fort wird geschlossen, die Gitter am Eingang verriegelt. Ich werde dem Kassierer an der Rückseite der Kasse gegenübergestellt.

„Ist das der Mann, der Ihren Takaschein entgegengenommen hat?“, fragt der Chef. Ich weiß es nicht, nur die Narbe an der Hand kommt mir bekannt vor.

„Haben Sie andere Fünfhundert-Takascheine?“ Ich zeige sie ihm. Sie kommen frisch aus dem Geldautomaten. Er prüft genau, wie sie gefaltet sind.

Jetzt werden alle Fünfhundert-Takascheine aus der Geldkiste herausgesucht, und darunter ist auch ein Schein, der so gefaltet ist wie meiner. Auch die Seriennummer soll irgendwie meinen Nummern ähnlich sein.

Der Kassierer jammert. Der Offizier wird laut. Viel Geschrei. Vorwürfe. Drohungen. Ich bin betroffen. Ich schäme mich. So wollte ich das nicht. Vielleicht habe ich mich doch geirrt.

Die Chefin des Forts lässt sich in einem Konferenzraum alle Fakten aufzählen. Der Kassierer sitzt mir gegenüber. Ein freundlicher älterer Mann. Wir mustern uns gegenseitig. Meinen Vorschlag, doch bis zum Kassenschluss zu warten, dann müsse sich doch nach der Abrechnung herausstellen, ob Geld zu viel oder zu wenig in der Kasse ist, wird mit Heiterkeit verworfen. Niemand weiß, wie viele Karten verkauft werden. Es soll Sonderkonditionen geben für Beamte oder Freunde von wichtigen Persönlichkeiten. Gegengerechnet wurde noch nie.

Die Museumsleiterin entschuldigt sich, ich bekomme meine fünfhundert Taka zurück. Das freundliche Angebot, jetzt „kostenfrei“ zu Bibi Paris Mausoleum zu gehen, lehne ich ab. Vielleicht morgen. Dem Kassierer gebe ich die Hand. Er nimmt sie.

Auf der Rückfahrt zum Hotel hat Abdul vor sich hin gebrabbelt. Ihm gefällt nicht, wie ich mich in seiner Heimat benehme. Ich will sehr ernsthaft darüber nachdenken.

Am nächsten Morgen – jetzt ohne Abdul, der für eine andere Fahrt gebucht war – schiebe ich am Fort einen Hundert-Takaschein durch das Gitterfenster. Der Kassierer erkennt meine Hand sofort. Er kommt hinter seiner Mauer hervor, geht mit meinem Schein zum Aufsichtsbeamten am Einlasstor und fragt ihn: „Was ist das?“

Der sagt: „Das sind hundert Taka!“

„Na also“, sagt der Kassierer und grinst. „Ich irre mich nie! Oder?“

Adoptiert

Die jungen Männer ahmen meine Schritte nach.

„So kommst du nie hinauf, alter Mann."

Das kleine Mädchen zeigt mir, wie es mit Hüpfen geht. Kurz Anlauf nehmen und dann auf einem Bein auf die nächste Stufe springen.

Die beiden Alten halten bei jeder Biegung der Treppe an und warten, bis ich nachgestiegen bin. Sie opfern ihre letzte Flasche Wasser, die noch nicht angebrochen ist, um mir zu trinken zu geben. Wie kann ich ohne Wasser in der Mittagshitze auf einen heiligen Berg steigen ein paar tausend Stufen hinauf!

Die Hindu-Großfamilie hat mich ins Herz geschlossen. Denn das ist „ihr" Berg Chandranath mit „ihrem" Tempel. Hier verehren sie Shiva, den Großen Gott. Sitakunda Chandranath Dham ist eine der heiligsten Stätten der vedischen Hindus in Bangladesch.

Die Kinder hüpfen zu mir zurück, dem alten Mann, der noch älter ist als ihre Großeltern. Ein komischer Urgroßvater. Sie haben genau nachgefragt.

Alte Frauen, sehr müde und zerbrechlich, die uns vom

Gipfel her entgegenkommen, legen ihre Hände zum Gruß vor der Stirn gegeneinander. Sie sind verschrumpelt, meist gebeugt. Viele werden ins Tal getragen. Sie müssen gestern schon oder im ersten Morgengrauen zum Gipfel aufgebrochen sein.

„Du schaffst es nicht, was die geschafft haben?“, frage ich mich.

Ein junger Mann wischt mir mit seinem Hemd den Schweiß von der Stirn. Erst will ich ihn abwehren. Doch ich merke, dass dies eine Geste ist, die ich akzeptieren sollte. Christliche Abbildungen von Schweißtüchern fallen mir ein.

Irgendwo bin ich gestolpert. Ein bisschen Blut an der Hand. Ich habe mir den Ballen aufgeschlagen. Die Familie steht mit großen Augen um mich herum, als ich Desinfektionssalbe aus einer winzigen Tube auftrage und ein Pflaster darüber klebe. Ist das ein Ritual der Christen? An die Kinder verteile ich ein paar Pflaster. Ein Mädchen klebt es sich über den Punkt auf der Stirn.

Um die Gelenke zu schonen, stütze ich mich beim Hinaufsteigen mit den Händen auf meinen Oberschenkel. Oder ich laufe auf den Stufen quer. Das kommt mir leichter vor als geradeaus zu steigen. Warum eigentlich?

Wie sich die Schluchten neben mir verengen! Dafür reicht der Blick jetzt weit hinaus über die Wälder bis zum Meer. Mein Atem wird leicht. Die letzen hundert Höhenmeter gehe ich wie im Rausch.

Später sitzen wir alle zusammen vor ihrem Tempel hoch über Sitakunda. Augen von Gläubigen sehen anderes als meine Augen. Ich sehe Beton und wenig von Shiva, dem „König des Tanzes", der die Welt zerstört, um sie neu zu erschaffen.

Längst ist die Großfamilie nach vielen guten Wünschen wieder bergab gestiegen. Sie haben mir aber einen Sohn zurückgelassen, der mich ins Tal begleiten soll. Ich wollte das nicht, aber ich bin hier ein Gast, und ein Gast sollte sich an die Regeln halten.

Wir stehen gegen Abend am Fuß des Berges. Der Abstieg war für mich schwer genug. Fast schwerer als der Aufstieg. Die Stufen sind hoch und oft brüchig. Ich möchte dem jungen Mann ein paar Taka geben für seine Mühe. Sein Blick verbietet mir das sofort. Aber er umarmt mich mit einer Geste, ohne mich zu berühren, mit weit ausgebreiteten Armen, gehobenem Kopf und einem Lachen, das ich noch lange mit mir herumtrage.

Als ginge ich zu einem Fest

Er zupft am Ärmel meines Hemdes, befühlt den Stoff, lobt seine Qualität, den akkuraten europäischen Schnitt, den Kragen besonders, der, wie er meint, an manchen Stellen etwas dünngescheuert sei. Er findet das gebrochene Weiß meines Hemdes besonders apart und mich als Menschen so gütig und freundlich wie keinen sonst. „So ein Hemd", sagt er und lächelt, „ein neues Hemd genau im gleichen Stil oder auch etwas lockerer, weicher, flauschiger, wenn du das wünschst, nähe ich für dich in einer Stunde! Gleich! Sofort! Du kannst darauf warten! Nur fünfhundert Rupien! Bitte!" Er hebt seine Hände, als wolle er mir das Hemd schon überstreifen oder mich segnen.

Ein neues Hemd? Meine drei Hemden haben zwar die brutalen indischen Waschmethoden bislang halbwegs überlebt – Wäsche wird auf Steine geschlagen, damit der Schmutz sich löst, sind aber nur noch gebrochen weiß nach fünf Reisewochen. Da hat der Schneider recht. Die Knöpfe lösen sich ab und die Nähte halten auch nicht mehr lange. Der kleine Schneider merkt, dass ich mir die Sache überlege. Er bittet mich, auf einem wackeligen Plastikstuhl Platz zu nehmen, und schickt seinen Lehrling, um Tee zu holen. Wir sitzen im Schatten einer eingerissenen Stoffbahn, die diese enge Gasse überspannt, ich mit dem Blick zu den Nachbarläden, er mehr im Halbdunkel hinter seiner alten Nähmaschine mit Fußantrieb. Ein gutes Geschäft braucht seine Zeit. Der kleine Schneider hat sie. Ich auch.

Neben uns schmale Hauseingänge und eine Art von gemauerten Kästen, die wie Garagen aussehen und die als Verkaufsstände dienen. Es sind Arbeitshöhlen, sehr dunkel im Inneren, vorne in das fleckig gleißende Licht getaucht, das die Löcher in den Sonnensegeln durchlassen. Neben uns sitzen andere Schneider, Werkzeugmacher oder Papierverkäufer und warten auf Kunden. Die Nähmaschinen stehen bereit, Schaufeln und Hacken sind geschmiedet, das Papier liegt in Stapeln wohlgeordnet. Aber selten nur setzt sich ein Kunde auf die Polster am Eingang. Alles ist gerichtet, aber niemand, fast niemand kommt und kauft oder erteilt einen Auftrag. Alle warten auf irgend etwas, das wie ein Wunder passieren könnte. Manche Händler schlafen. Die meisten hocken, sitzen, stehen und warten. Ihre Augen sind es, die mich so merkwürdig berühren. Sie bitten nicht, sie betteln nicht. Sie mustern mich nur.

Die Augen sehen aus, als hätte der Kopf, aus dem sie blicken, längst die Hoffnung aufgegeben, dass einer wie ich, ein Ausländer, zu ihnen kommen könnte, um ihnen etwas abzukaufen. Was soll ich auch mit einer Hacke, mit einer Schaufel, mit einem Stapel Kontobüchern? Aber vielleicht, zeigen die Augen, könnte es doch sein, dass der Europäer da einen Wunsch hat, den ich ihm erfüllen kann!

Vor diesen Händlern und ihren Läden dröhnen Motorräder laut hupend durch die Gasse. Fahrradrikschas transportieren gemächlich knirschend Waren und Menschen auf demselben Weg, viele fahren leer und hoffen auf einen Gast.

Mein Schneider wird unruhig. Unser Tee ist getrunken, das Geschäft noch nicht abgeschlossen. „Gut", sage ich, „ein Hemd für zweihundert Rupien, mit oder ohne Stoff?" Er lächelt und sagt: „Fünfhundert, ohne den Stoff!"

Jetzt muss ich aufstehen und so tun, als ginge ich, sonst verliere ich das Gesicht. Nur ein sehr törichter Mensch bezahlt gleich, was gefordert wird. Das ist ein Spiel, das hier noch wichtiger zu sein scheint als das Geschäft selbst. Feilschen gehört nicht nur dazu, es ist die Seele des Geschäfts! Ich bin aufgestanden. Der Schneider weiß jetzt, dass ich weiß, was in der Regel ein Hemd kostet, wenn es von einem Schneider in den Altstadtgassen von Amritsar angefertigt wird. Nach einigem Hin und Her einigen wir uns auf dreihundert Rupien fürs Nähen und etwa hundertundfünfzig Rupien, je nach Qualität, für Stoff und Knöpfe. Das ist ein guter Preis. Für beide. Gemeinsam gehen wir zum Stoffhändler gegenüber. Der hat uns in der letzten Stunde genau beobachtet. Er legt uns gewandt die schönsten Hemdstoffe vor, er preist sie lauthals an und lobt meine beiden Hände, mit denen ich zu ihm spreche. Er weiß, dass ich nicht seine Worte, aber seine Gesten verstehe. Ich lege den Kopf schräg und frage damit den Schneider. Der fühlt den Stoff und nickt. Ich reibe den Zeigefinger am Daumen. Er nickt. Er signalisiert mir, dass er das Geschäft nun allein abschließen möchte. Ich stehe auf, grüße den Stoffhändler und gehe auf die Straße.

In der nächsten Stunde sitze ich in einem Leihhemd vor dem Laden des Schneiders im Halbschatten. Er hat den Schnitt meines Hemds ausgemessen, steckt ab, schneidet zu und näht. „Fertig“, sagt er.

Ich probiere das Hemd an. Es ist weich, sehr weit geschnitten und wunderbar luftig. Ich fühle mich, als ginge ich zu einem Fest.

Am Tag, als Dinkar geboren wurde

Sein Mobile klingelt.

„Sorry“, sagt er zu mir und fährt links ran, stoppt hinter anderen Rikschas und telefoniert. Er springt vom Sitz auf, wirft einen Arm in die Luft, lacht und ruft kurz einen Satz ins Mobile. Es klingt wie: „Ich komme sofort!“

„Sorry“, sagt er und lacht wieder. Er ist ganz außer Atem, „das war meine Frau. Sie hilft meiner Schwester. Die hat gerade einen Sohn geboren! Ihren ersten Sohn! Dinkar soll er heißen! Dinkar, die Sonne“, sagt er zärtlich, „wir haben ihn erst morgen erwartet!“

Er ist ganz durcheinander.

„Sorry“, sagt er zum dritten Mal, „sorry, ich muss dich noch schnell verkaufen!“

Er rennt zu anderen Rikschafahrern, die gereiht auf einer Mauer sitzen. Er diskutiert, zeigt fuchtelnd in verschiedene Richtungen.

Jetzt muss ich lachen. Er will mich verkaufen? Vielleicht ist er vor Freude ein bisschen übergeschnappt!

Jetzt kommt mein Fahrer mit einem Kollegen zurück.

„Geht das in Ordnung?“, fragt der andere.

„Was geht in Ordnung?"

„Dreißig Rupien!", sagt der Kollege meines Fahrers, „drunter mach ich's nicht!"

Langsam ahne ich, was gemeint sein könnte. Ich hatte mit meinem Fahrer ausgehandelt, dass er mich für fünfzig Rupien von meinem Hotel hinter Egmore Station zum Government Museum fährt. Jetzt will er, soviel habe ich verstanden, sofort zu seiner Schwester und ihrem Sohn. Also muss ich ihm zwanzig Rupien geben, und für dreißig fährt mich der andere zum Museum.

„Klar", sage ich, „das mit den dreißig Rupien geht in Ordnung!"

Alles hat sich rasch geklärt. Mein Fahrer freut sich. Er fordert aber von mir nicht zwanzig, sondern vierzig Rupien. Seine Begründung:

„Wer einen Fahrgast zuerst fährt, dem steht immer der größere Anteil zu." Ich klopfe ihm freundlich lachend auf die Schulter. Mit einem Gruß an seine Schwester gebe ich ihm das Geld. Er braust davon.

Mit meinem neuen Fahrer stehe ich jetzt vor der verwitterten roten Mauer. Er war, als er gestört wurde, gerade dabei, etwas Reis mit Curry aus einer Blechdose zu löffeln.

„Lass es dir schmecken", sage ich, „ich habe Zeit."

Er sieht mich schräg an und schüttelt den Kopf: „Touristen haben nie Zeit!"

Er drückt eine Hand voll Reis mit dünner gelber Soße in seinen Mund.

„Das Curry ist von meiner Frau“, sagt er kauend.

„Bis du verheiratet?“

„Ja!“

„Kocht deine Frau auch jeden Tag dein Lieblings-Curry?“

„Manchmal, ja.“

Jetzt ist er fertig mit seinem Essen, wischt sich mit der Hand den Mund ab, streift mit ihr über die Hose, klopft seine Hose aus, an der noch Reiskörner hängen.

„Ich habe eine große Familie“, sagt er stolz und zählt mit den Fingern vier, fünf, sechs Menschen auf.

„Ich habe ein schönes Haus, in einer guten Gegend. Viele Freunde wohnen dort. Du müsstest das sehen! Wir sind sehr glücklich da, wo wir wohnen!“

Wie lebt ein Rikschafahrer in Chennai?

Wie sieht sein Wohnzimmer aus, die Küche, der Garten?

Hat er ein Badezimmer?

„O.K.“, sage ich, „fahren wir!“

„Zum Government Museum!“

„Nein, zu deiner Familie!“

Mindestens fünfundvierzig Minuten braucht er bis zu den Vororten im Süden von Chennai, hinter denen sich die großen Slums aneinanderdrängen. Kein Gebiet, in das sich Ausländer verirren. Aber, denke ich, mit meinem neuen Freund wird das schon gut gehen.

Es geht gut. Sein Haus, von dem er mir begeistert erzählt hat, entpuppt sich als eine schlichte Hütte mit Wänden aus gelben Ziegeln und platt gehämmerten Blechkanistern als Dach. Seine Mutter, seine Frau, zwei Töchter und einige Freundinnen hocken vor der Haustür, die aus sorgfältig zusammengenagelten Latten besteht. Sie schütten Früchte auf ein Tuch, ordnen sie und lassen sie in der Sonne trocknen. Alle begrüßen mich freundlich, aber mit Distanz.

Ich hocke mich neben die Familie. Verständigen kann ich mich mit den Älteren nur, wenn mein Fahrer übersetzt. Aber die Töchter und ihre Freundinnen haben etwas Englisch in der Schule gelernt. Sie finden es aufregend, dass ein Fremder bei ihnen zu Gast ist. Sie kichern, antworten aber nur mit „yes“ oder „no“, wenn ich sie etwas frage. Sie sehen mich mehr über die Schultern an, etwas verschämt. „Ein merkwürdiger, etwas sonderbarer alter Mann aus Europa. Was für ein Gesicht. Diese Nase. Und seine weißen Hände“, denken sie. Vielleicht.

Jetzt ein Ruf aus der Hütte, ein Stöhnen und ein heiserer Schrei.

„Das ist Großvater“, sagt mein Fahrer.

„Er stirbt gerade. Er stirbt schon seit vielen Jahren. Ich kann ihm nicht helfen! Medizin ist zu teuer!“

Er geht und kommt nach einiger Zeit zurück. Er wirkt müde.

„Er spinnt wieder“, sagt er zu seiner Frau mit einer Geste.

Die Kinder finden das wenig lustig und ahmen das Stöhnen nach.

Ich fühle mich plötzlich wie einer, der sich neugierig einmischt in private Verhältnisse. Wieder schreit der Großvater. Mein Fahrer geht noch einmal hinein, kommt zurück, wirkt etwas verlegen und sagt nur: „Er will dich sehen!"

Ich stehe in der kleinen Hütte mit einem Lager für fünf Menschen und einem sterbenden Großvater. Ein Raum mit gestampftem Lehm als Fußboden, einer Feuerstelle mit Krügen und Schüsseln. Kein Wasseranschluss. Ein uralter Mann liegt auf einem Gitterrost. Sein Hemd ist schmutzig weiß, er hat sein Gesicht halb verhüllt. Er liegt da wie ein Toter, der gleich verbrannt werden soll.

Mein Fahrer spricht ihn an. „Großvater" heißt das vielleicht, was er ruft.

Der hebt langsam eine Hand, schiebt mit der anderen das Tuch vom Gesicht und sieht mich an.

Er lächelt verschmitzt und sagt: „Welcome to my family!"

Dann murmelt er unverständliche Sätze, englische Brocken, aber auch Wortfetzen auf Spanisch und Französisch.

„Er ist herumgekommen", erklärt mir mein Fahrer, „war viele Jahre auf See."

Der alte Mann starrt mich an und sagt mühsam auf Deutsch:

„Wie geht es dir?"

Er kichert wie ein Kind.

„Wir sind alle Zwerge, die auf Riesen sitzen!"

Er dreht sich zur Seite und schläft ein.

Spät in der Nacht hocke ich im Hof mit der Familie, die auf mich einredet. Auch mein Fahrer spricht nur noch Tamil. Sie wollen mir zeigen, dass sie dankbar sind. Ich habe ihnen etwas Geld gegeben für Medikamente. Das soll gefeiert werden. Ich muss zum Essen bleiben.

„Wer sitzt auf den Schultern von Riesen?“ Ich denke an meinen Vater. Auf wem saß er? Ich kenne meinen Großvater nicht. Er starb 1922 als alter Mann. Kann ich weiter sehen, wenn ich auf Schultern sitze?

Wieder und immer wieder ruft der alte Mann, wie mein Vater gerufen hat, als er sehr krank war. Diesen neuen sterbenden Vater habe ich in dieser Nacht oft besucht, ihn verlassen, noch einmal besucht.

Morgen wird er auch nach mir rufen.

Dann bin ich nicht mehr hier.

Bank im Park

Ich sitze und schreibe. Ein Platz im Schatten. Wie schön.

Drei junge Leute setzen sich dazu. Einer bittet mich, meine Tasche von der Bank zu nehmen. Sie brauchen Platz. Ich tue das gerne.

Er fragt mich kurz:

„Woher kommst du?“

Ich sag's ihm.

Sein Freund stellt sein Kofferradio auf volle Dröhnung.

Die anderen essen Fast Food. Pommes und so. Es riecht danach.

Dort hinten sehe ich das marmorweiße Victoria Memorial von Kolkata, den Stolz der Stadt. Davor die Statue der Königin.

Die Tauben scheißen der ehernen Queen auf ihrem Thronsessel ständig auf den Kopf.

Das ist, wie es ist.

Die jungen Männer haben sich gemütlich eingerichtet, und ich bin einer, der stört. Das ist ihre Bank im Park, ihr Maidan – so heißt der größte Stadtpark in Kolkata –, hier bestimmen sie.

Ich ziehe meinen Beutel unter der Bank vor, grüße und bin schon unterwegs.

Alle Bänke, die im Park nicht in der Sonne stehen, sind besetzt von Heiligen, Liebespaaren oder Großfamilien.

Ich drehe eine Runde und stehe, ohne dass ich es geplant hätte, wieder vor meiner Bank. Die jungen Leute haben sich sehr breit gemacht.

Soll ich mich dazu setzen? Ist das frech? Darf das ein Europäer?

Ich lache sie an, grüße und bitte darum, mir Platz zu machen.

„Das Radio, bitte, stellt das ab."

Danke.

Sie machen mir Platz. Das Radio ist abgestellt. Ich sitze zwischen ihnen. Einer lacht plötzlich, die anderen auch. Das ist komisch. Ungewohnt. Herrlich.

Später haben sie mir von Freundinnen erzählt, die es eigentlich nicht geben darf. Und von ihren Vätern, die auf Dinge achten, die ich nicht verstehe. Und von ihren Müttern, die ihnen auch schon gesagt haben, dass Fremde manchmal eigentümlich sind – aber harmlos.

Vor ihnen muss man sich nicht fürchten.

Ich freue mich, dass ich so einer bin.

Bhopal – ein Abenteuerspielplatz

Eine säuberlich rot und blau gestrichene, gut erhaltene Mauer und ein Tor. Das Areal an einer Ausfallstraße der Stadt, neben einem neuen Wassertank auf Stelzen, darunter Stein- und Holzhütten, die Dächer mit Plastikbespannung und Steinbeschwerung. Hier wohnen Leute, die wenig verdienen, aber viele Kinder haben. Für sie wäre das abgesperrte Gebiet von Union Carbide ein idealer Abenteuerspielplatz. Rostige Türme und Hallen, geheimnisvolle Gänge und halb geöffnete Türen, abgeschnittene Kabel, Stahlwinden und geplatzte Tanks. Die Natur hat sich das Gelände zurückerobert und umwuchert die Gestänge und Geländer, die Steigleitungen und Muffen mit fetten Muttern, von denen der Rost platzt. Eine gespenstisch schöne gefährliche Landschaft, die am frühen Morgen des 2. Dezember 1984 weltberühmt wurde und der Stadt Bhopal für immer einen Stempel aufdrückte. Hier explodierten Tanks des US-amerikanischen Konzerns Union Carbide. Eine Wolke einer toxischen Chemikalie, die zur Herstellung von Insektenvernichtungsmittel verwendet wurde, senkte sich über die Stadt. Die dichte Wolke aus brennendem Gas erstickte zehntausend Menschen sofort.

Andere sprechen von sechzehntausend Toten. Viele wurden blind, bekamen Tbc, Krebs, wurden unfruchtbar. Die Entschädigung der Opfer und ihrer Familien spottet jeder Beschreibung. Im Leitungswasser sind noch immer giftige Chemikalien nachzuweisen, die auf dem seit fast dreißig Jahren verlassenen Fabrikgelände in den Boden sickern.

Das Gebiet, ein verrottetes Industrie- und Naturdenkmal, ist nur mit einer Sondererlaubnis zu betreten. Ich hatte sie nicht. Mit etwas Überredungskunst und einem Bestechungsbakschisch ging es auch ohne.

Ein Wärter hat mit mir einen Preis ausgehandelt und mich hineingelassen. Meinen Rikschafahrer hatte ich vorsorglich gebeten zu warten und – falls ich in zwei Stunden nicht zurück wäre – die Polizei zu benachrichtigen.

Ich konnte auf dem Gelände viele Industrieruinen fotografieren, die wuchernden Gräser, junge Bäume und Ranken. Mitten auf einer Brache verlangte der Wärter plötzlich sein ausgehandeltes Bestechungsgeld. Zwei Kollegen von ihm, auch sie bewaffnet, forderten für sich die gleiche Summe. Ich hatte Angst. Dem Wärter gab ich die vereinbarten dreihundert Rupien, vertröstete die anderen auf dem Weg zum Ausgang, indem ich umständlich Banknoten zusammensuchte, und kam auch glücklich zum Eingangstor zurück. Der Rikschafahrer hatte inzwischen einen anderen Auftrag angenommen oder hat Angst bekommen. Niemand hätte jemanden benachrichtigt.

Hier, auf diesem Gelände, lagern noch dreihundertfünfzig

Tonnen Giftmüll. Ich wusste das nicht, als ich das Areal betrat. Jetzt weiß ich, dass sie in Deutschland entsorgt, verbrannt werden sollen.

Später stehe ich an einer Trinkbude und schlürfe grünen Tee. Auch dieses Wasser wird verseucht sein. Einmal davon trinken, das kann nicht schaden. Aber die Bilder der Kinder, die ich gesehen habe, die neu geborenen und auch die älteren, denen die Haare ausfallen und die mich stumpf anblicken, die gehen mir nicht aus dem Kopf.

Der Weg zum Tempel der versteinerten Schildkröte

„Zieh dein Hemd aus!"

Ich streife es über den Kopf und hänge es über eine rostige Stange neben dem Wachhaus.

„Was hast du in den Hosentaschen?"

Einen Geldbeutel mit Kreditkarten, Schlüssel, ein paar Rupienscheine, das Mobile, ein rötliches Schneckenhaus und ein Taschentuch.

Den Minicomputer mit Kalender und Adressen krame ich auch heraus und stecke alle meine Sachen in meinen Reisebeutel. Der junge Soldat tastet mich ab.

„O.K.", sagt er und nickt lässig.

Das Taschentuch darf ich wieder einstecken.

„Schuhe ausziehen!"

Ich stelle die Schuhe unter das Hemd und stehe jetzt mit nacktem Oberkörper und bloßen Füßen auf dem heißen Asphalt. Langsam kommt mir das ganze Theater reichlich albern vor.

Heute, am frühen Morgen, fing mein Tag sehr friedlich an:

Die Luft ist wunderbar kühl, als ich in Jaffna, hoch im Norden Sri Lankas, in einen Bus steige. Der Fahrer spricht mich an, auf Deutsch: „Woher kommst du? Aus Stuttgart, Heidelberg, Hamburg, Berlin?" Er hat sofort gesehen, aus welchem Land ich stamme. „In Basel war ich fünf Jahre auf Montage", sagt er mit einem zauberhaften alemannisch – baseldytschen Akzent, den er nur vor Ort gelernt haben kann. „Meine Tochter ist in Zürich verheiratet und glücklich", sagt er, „mein Bruder besitzt ein kleines Restaurant in der Nähe von Köln!" Er fühlt sich für einen Augenblick als Weltbürger! Gleich aber wird er mit nackten Füßen seinen Bus starten, wird Betel kauen und den roten Saft aus dem Fenster spucken. Er fragt mich aus über „woher und wohin". Das ist ihm wichtiger, als pünktlich abzufahren. Wir haben schon eine halbe Stunde Verspätung. Die Fahrgäste nehmen es gelassen.

„Ich will nach Ponnalai", sage ich zu ihm, „zum Tempel der heiligen Schildkröte."

Er kennt den Ort natürlich.

„Hübsch da", meint er und denkt nach: „Ich glaube, der alte Tempel steht jetzt im militärischen Sperrgebiet. Auf jeden Fall kann ich dich an einer Straßenkreuzung absetzen, dann sind es nur noch drei oder vier Kilometer bis dahin!" Endlich fährt er los.

„Alles abgesperrt!" Ein Priester, der neben seiner Gebetsnische am Straßenrand Mangos erntet, bestätigt meine Befürchtung. „Zum Tempel? Da kommst du nicht hin", sagt er und zeigt auf eine kleine Bank, „bleib hier bei mir, setz dich in den Schatten, iss eine Mango und ruh dich aus!"

Es ist stickig heiß. Keine kühle Brise vom nahen Meer. Aber noch will ich nicht aufgeben!

Eine halbe Stunde später hinter einem Teich treffe ich plötzlich auf Soldaten mit Maschinengewehren und einem roten Schild am Stacheldrahtzaun: „Military Area. Entry with permission only!"

Der junge Soldat vor seiner rostigen Wachhütte mustert mich streng und zuckt nur unwillig die Achseln, als ich ihn frage, wer mir solch eine Permission ausstellen kann.

Er hat keine Lust, mir zu antworten.

Ein zweiter Versuch.

Ich überreiche ihm, mit einer leichten Verbeugung, meine Visitenkarte. Er wendet sie etwas verdutzt hin und her, sieht sie an, als könne er lesen, was darauf steht. Er lächelt mir freundlich zu und greift zum Telefon.

So ein Stück dünner Karton mit aufgedrucktem Namen scheint dem Gegenüber ein Stück Anerkennung zu vermitteln: Jemand überreicht mir etwas, also bin ich ihm etwas wert! Es könnte auch ein wenig Magie dahinter stecken. Er überreicht mir etwas von sich, das verbindet uns, das macht uns zu Verbündeten.

Jetzt hat der Soldat aufgelegt und sagt: „Der Warrant Officer ist heute nicht zu sprechen!"

Ich frage ihn freundlich, ob nur der Warrent Officer mir die Erlaubnis geben könne? Er überlegt kurz, telefoniert erneut und sagt dann: „Der Staff Sergeant ist gerade unterwegs, er kommt aber bald zurück!"

Jetzt habe ich vielleicht doch noch eine Chance.

Ich setze mich etwas abseits unter einen Baum und sehe über den See. Ein leichter Wind kräuselt das Wasser. Es ist friedlich hier. Vor mir, gegen die Nachmittagssonne, ein Fischer, der sein Netz auswirft.

Vor einem Jahr wurde in dieser Gegend noch gekämpft. Ein Bürgerkrieg der tamilischen Separatisten „Sri Lanka Tigers" gegen die Soldaten der Regierung. Über hunderttausend Kämpfer auf beiden Seiten wurden in den zwanzig Jahren des Krieges getötet, die Hälfte der Häuser zerstört, dreißigtausend Gefangene sitzen immer noch in Lagern, oft unter sehr schlimmen Bedingungen. Familien mit Kindern, eingepfercht in Hütten und Zelten. Wasser ist rationiert. Stundenlang müssen sie anstehen für einen einzigen Eimer trübe Brühe!

Alte Männer am Strand, da wo sie nicht abgehört werden können, haben mir flüsternd ihre Geschichten aus dem Krieg erzählt. Ich weiß aus Dokumenten von Amnesty International, dass es stimmt, was sie mir berichten.

Der Wachsoldat telefoniert wieder und ruft mich dann zurück. Jetzt muss ich meinen Reisepass abgeben, auch die Bescheinigung des Verteidigungsministeriums in Colombo, die mir erlaubt hat, nach Jaffna einzureisen.

Mit nackten Füßen gehe ich endlich gegen fünf Uhr am Nachmittag auf der heißen Betonstraße in Richtung Tempel.

Es brennt und sticht. Ich habe nicht so viel Hornhaut unter den Sohlen wie alle anderen hier, die mir lächelnd zuwinken. Ich gehe aus „Sicherheitsgründen“, wie mein Soldat mir erklärt hat, mit nacktem Oberkörper, ohne Tasche, Papier oder Stift und auch ohne meinen Hut gegen die Sonne. Nur den kleinen Fotoapparat habe ich in einer Innentasche der Hose versteckt. Ich gehe sehr aufrecht. Ich bin ein wenig stolz auf mich! Ich habe es geschafft!

Drei alte Priester führen mich zum Allerheiligsten. Ich bin der einzige Besucher. Ich muss meine Hände über einer Flamme reinigen, werde an Stirn und Brust mit roter, gelber und weißer Farbe betupft und höre von ihnen die Geschichte vom Fischer und der göttlichen Schildkröte, die versteinert wurde.

Jetzt hocke ich wieder an meinem See außerhalb des Sperrgebietes. Mein Reisesack liegt neben mir. Es dämmert. Welch ein schöner Tag! Ich habe heute nur einen einzigen Tempel gesehen. Aber ich werde ihn in Erinnerung behalten.

Irgendwann wird auf der Hauptstraße der letzte Bus vorbeifahren. Ich weiß nicht wann, ich will es jetzt nicht wissen! Wenn der Fahrer an die Kreuzung kommt, wird er sich vielleicht an mich erinnern.

Ich hocke und sehe so etwas wie ein Wasserhuhn, das über dem silbrigen Spiegel startet.

Wenn ich das könnte, das wäre etwas für mich!

Die Retter der Welt

Am 31. Januar lese ich im Mumbai Mirror, dass Bejan Daruwalla, der weltweit berühmteste Astrologe, aus den Handlinien von Obamas rechter Hand, die dieser bei seiner Vereidigung auf dem Kapitol zum Schwur hob, herausgelesen habe, Obama sei der Retter der Welt.

Neben dem Artikel ist Obamas Hand abgebildet mit handschriftlichen Anmerkungen des Meisters. „Popularität" steht da mit Pfeil auf eine der Linien, auch „Kreuz in der Mitte bedeutet Intuition", oder „Die Furche des kleinen Fingers ist länger als die Furche des nächsten, das zeigt Eloquenz und die Kunst zu überzeugen ...".

Heiliges Indien!

Aber plötzlich verstehe ich, warum hier auf Wahlplakaten die Kandidaten ihre rechte Handfläche auffällig oft dem Betrachter entgegenstrecken. Jede der Handlinien ist nachgezeichnet und sehr deutlich zu erkennen: schwungvolle Bögen, klare Gliederung ...

Jeder Wähler soll sich selbst ein Bild machen können über die Herkunft des Bewerbers, seinen Charakter und seine Kraft sich durchzusetzen. Nichts hat er zu verbergen, der

Kandidat. Alles ist offen gelegt: wahr, kraftvoll und mutig.

Die „Retter der Welt“ an jedem Bauzaun und auf allen Plakatwänden, angetreten für Parteien aller politischen Färbungen, aller Glaubensrichtungen, aller Kasten. Und selbst für ein Bleichmittel, das dunkle Haut aufhellen soll, ist die Dame, die es anpreist, mit vorgestreckter Hand überlebensgroß abgebildet. Es ist also wahr, was sie verspricht, und jeder kann es aus ihren Handlinien lesen: Das Mittel wirkt!

Und ich sehe in meine Hand, sehe die quer durchlaufende Linie, meine Affenfalte. Ich tauge nicht zum Politiker. Mit dieser Hand. Nicht in Indien.

Dreizehn Nester

Lastträger mit Tragriemen über den Schultern, barfüßige strubbelige Straßenkinder, zwei weißbärtige magere Gurus, Bettler mit zerschlissenen Hemden und ein paar junge Hunde haben sich auf den Mittelstreifen zwischen den Fahrbahnen zurückgezogen. Hier sind sie unter sich. Niemand stört sie. Sie hocken dicht an dicht unter einem Baum auf einem Stück staubigem grauem Grün. Eine Zigarette geht von Hand zu Hand. Das wird Ganja sein, das aus getrockneten Blüten und Blättern der weiblichen Cannabispflanze gewonnen wird.

Ich sitze auf einer Straßenseite, zwölf Meter vom Mittelstreifen entfernt, auf dem Sockel eines heiligen Steins, der zu einem Tempel gehört, der dort hinten, hinter den Fahrbahnen, steht. Der zähflüssige Feierabendverkehr schiebt sich vierspurig dazwischen, überragt von zwei gelben Drachen mit spitzen Reißzähnen an der Tempelwand. Es ist ein Bodhibaum, der Baum der Erleuchtung, unter dem die Gruppe von Menschen ohne Obdach auf dem Mittelstreifen hockt. Vögel sitzen im Geäst, sie nisten dort. Ich zähle zwölf Nester. Der Verkehrslärm, der diesen Baum umtobt, scheint sie nicht zu stören, ihre zwitscherzarten Rufe dringen bis zu mir herüber.

Weil ich erschöpft war vom langen Gang durch die Altstadt von Kathmandu, habe ich mich zufällig hierher gesetzt. Erst langsam fange ich an zu begreifen, was mitten im Strom der Fahrzeuge, unter den Drachenköpfen und dem Geäst, die Menschen zusammengeführt haben könnte. Erst sah ich nur Gesten und Blicke, jetzt erst glaube ich zu verstehen, dass sie für sich etwas Geborgenheit ausprobieren, ohne uns, auf ihren paar Quadratmetern mitten im Verkehr. Ein stiller letzter Zufluchtsort, untermischt von aufheulenden Motoren, wildem Hupen, zwischen Abgaswolken und dem Lärm der ratternden Dieselaggregate am Straßenrand, weil wieder einmal der Strom ausgefallen ist.

Mitten in diesem Chaos sitzen die Ärmsten dort drüben eng aneinandergedrängt auf ihrer Insel, manche haben sich schon ins spärliche Gras zurücksinken lassen, bald schlafen sie wie die Vögel in ihren Nestern über ihnen, der Lärm wird endlich abebben und die Nacht beginnt.

Eine blaue Taube

Kokosnüsse werden aufgeschlagen und weißlicher Saft rinnt in ein schulterbreites Loch im Stein. Darin liegen schon vielfarbige Blüten und von hundert Händen hineingeworfen: Reiskörner. Um die Höhlung angeordnet Blütenkränze auf dem abgeschliffenen Marmorrand und eine Reihe von kleinen symmetrisch aufgehäufelten Steinen. Ein Priester reicht jetzt Stücke der zerschlagenen Nüsse an die Gläubigen hinter sich zurück.

An den Wänden Fackeln und Öllichter, die diese Opferszene unruhig flackernd beleuchten. Es weht aus den Luftschächten herauf. Oben muss ein Abzug sein. Heiliges Wasser wird immer und immer wieder von Helfern aus dem Becken geschöpft und unter Litaneien in die Höhlung geschüttet. Das Geräusch des ausgegossenen Wassers schmiegt sich den gemurmelten Gebeten an.

Ein junger Mann in rotem Hemd sitzt mir gegenüber, hinter den Priestern, mit dem Rücken an die innere Tempelwand gelehnt auf einem Fetzen Stoff und singt. Seinen Kopf hat er in den Nacken gelegt. Er singt in die Höhe des gewaltigen Tempels hinauf. Über dreißig Meter hoch ist dieses phallusartige Heiligtum über mir. Seine Wölbung verschwimmt im Dunkeln. Die widerhallende Klage des Gesangs, so scheint es mir, gleitet auf der gegenüberliegenden Wand aufwärts und überfällt mich hier, stürzt auf mich herab, als wollte sie mich niederwerfen oder aufwecken. Die hohe Kuppel verstärkt jeden einzelnen und endlich doch zerfließenden Oberton.

Über dem großen Opferloch in der Tempelmitte baumelt ein zerschlissener Baldachin, behängt mit kleinen Glöckchen neben den alten zerschlissenen Goldfransen. Geld fällt in Schalen. Oft klingen Münzen, manchmal sind es aber lautlose Zehn-Rupienscheine, die geopfert werden. Viel Geld für die Gläubigen von Sibsagar. Indien als neue Wirtschaftsmacht kann sich in Assam, einem der Bundesstaaten hinter Bangladesch an der chinesischen Grenze, kaum einer vorstellen.

Ich stehe mit nackten Füßen und in meiner Khakihose auf dem feuchten kühlen Steinboden und sehe, von der Zeremonie abgewendet, vor mir die Nischen in den Mauern, die von Öllichtern nur matt beleuchtet werden. So viele heilige Rituale kann ich nicht ertragen. Neben mir glimmen Räucherstäbchen, in Aschehäufchen gesteckt. Jeder Ruf des Sängers drückt auf meine Schultern oder zieht mich nach oben.

Was suche ich hier? Den schwarzen Phallus neben einer weißen Stierplastik, die Kobra, die alles überragt?

Eine Prozession zieht an der Innenwand des Tempels entlang und drängt mich in eine Mauernische. Frauen, Männer, sehr junge Knaben und Mädchen mit Opfertellern. Der

Sänger betet, hebt die Hände, kniet sich nieder, verbeugt sich und schöpft heiliges Wasser. Jetzt übergießt er einen Dreizack, der mit Blütenkränzen behängt ist.

Eine blaue Taube sitzt auf dem Baldachin und putzt sich. Ich sehe das und lache, als sie auffliegt. Die Räucherstäbe betäuben meinen Kopf. Die gemurmelten Gebete schweben im Raum. Das harte Aufschlagen der Nüsse, der Gesang, das Anschlagen der Glocken, die Farben der Saris in Blau, Gelb und leuchtend Grün vermischen sich.

Ich muss hier raus!

In der Vorhalle brennen hundert Talglichter, Talg, das ein kleiner Priester in Tonschälchen schmiert. Mir bindet er ein rotgelbes Bändchen ums Handgelenk. Ich lasse es geschehen. Ein halbes Jahr später ist es mir ausgebleicht vom Handgelenk gefallen.

Ich sitze später im Park, der diesen Tempel umgibt. Ich weiß, heute bin ich am östlichsten Ende meiner Reise angekommen. Endlich.

Zurückreisen ist eine Kunst für sich. Sie macht glücklich. Aber nur, wenn du Sehnsucht nach einem Zuhause hast.

Ziegen grasen zwischen Hecken und Palmen. Ein paar Hütten der Priester dort drüben. Ich kann durch die offenen Fenster sehen. Eine bunte Decke, Heiligenbilder, eine Waschschüssel und ein Stuhl. Nichts sonst. Bräuchte ich mehr?

Neben dem Tempel schützt mich ein Sonnenschirm aus gehämmertem Blech, grün gestrichen, vor der grellen

Sonne. Ein Ziegen- und Taubenhaus gerade gegenüber. Es meckert, läutet, flüstert und singt immer noch in mich hinein.

Ich bin ganz bei mir und doch weit von mir entfernt.

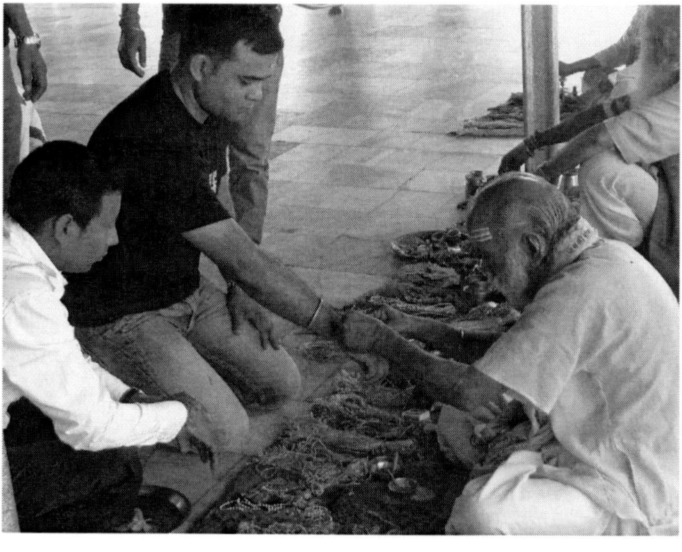

Ein schönes Maul

„Fünfzig Kilo“, sagt der alte Fischer, „fünfzig Kilo hat dieser Fisch einmal gewogen. Vielleicht sogar sechzig!“

Ich nicke, als könnte ich mir vorstellen, wie der ganze schuppige Körper, zu dem dieser Kopf gehört, einmal ausgesehen hat.

Ich stehe zwischen rötlichen Felsen und dem blauschwarzen Wasser des Golfs von Bengalen neben einem alten Mann mit schwerer steifer Plastikschürze, der auf einem tief eingekerbten hölzernen Hackklotz Fischköpfe zerteilt.

„Ein schönes Maul“, sage ich. „Es muss ein starker Fisch gewesen sein.“

Er lacht: „Sehr stark, ja das ist richtig!“

„Hast du ihn gefangen?“ – „Nein, die anderen!“

Die anderen, das sind sein zehn Jahre jüngerer Bruder, sein Sohn und ein Freund.

„Ich bin alt“, sagt er und ist ein wenig stolz darauf, „zu alt um mit hinauszufahren. Ich schlage nur noch Köpfe auseinander. Das ist leichte Arbeit.“

Neben ihm schaben Frauen die letzten Fleischreste aus den gespaltenen Schädeln, stechen die Augen aus und trocknen alles auf grüngrauen Planen. Hinter ihnen auf flachen Steinplatten kleinere Fische, Tausende, die silbrig glänzend ihre aufgeschnittenen Bäuche gegen die Sonne strecken.

Ich sitze auf einem Steinhaufen neben dem Hackklotz des alten Mannes und höre seinen Schlägen zu, dem immer gleichen Rhythmus. Der mischt sich mit den Schlägen von drei anderen alten Fischern, die nicht weit von ihm stehen. Mal lassen sie alle im gleichen Takt ihre Hackmesser fallen, mal schlagen sie kurz hintereinander zu, meist wirbelt dieser Hacktakt in wilden Synkopen durcheinander.

„Lebst du schon immer hier?"

„Ja", antwortet er, „früher bin ich jeden Tag hinausgefahren. Damals waren die Fische größer. Oft sind die Netze zerrissen. Die sind stark, diese Burschen!" Er hält einen Augenblick inne, als müsse er sich besinnen: „Früher waren die Fische stärker. Und ich auch!"

Er lacht.

„Heute tauge ich nur noch für Fischköpfe."

Er hebt ein kurzes schweres Beil, das er benutzt, wenn sein Messer einen großen Kopf nicht spalten kann. Er lässt es fallen.

„Und was machst du?", fragt er unvermittelt und sieht mich an.

Ich bin verlegen, weiß nicht, was ich antworten soll. Was mache ich? Herumlaufen, mit Leuten reden, zuhören. Ist das eine Arbeit, die er ernst nehmen kann?

Er bemerkt meine Unsicherheit und lacht mir zu, als wollte er sagen: „Nun mach schon, schäm dich nicht!“

„Ich schreibe auf, was ich höre und was ich so sehe“, sage ich endlich zögernd, „dann wissen die Leute in meiner Heimat, wie das so ist bei euch. – Ich schreibe auch über dich!“

„Auch über die Fische?“, fragt er.

„Auch über Fische!“

„Ich kann dir viel über Fische erzählen!“

Er schlägt sein Beil ins Holz, wischt seine Hände an der Hose ab, sucht in seiner Tasche nach einer Zigarette, zündet sie umständlich an und hockt sich neben mich auf die Steine. Seine steife Schürze wölbt sich weit vor. Ein alter Mann. Faltige, dunkle Haut, sehnige Finger. Kaum noch Haare auf seinem Schädel. Sein Englisch hat er auf Frachtschiffen gelernt. Als junger Mann ist er weit herumgekommen. „Bis nach Singapur, der Löwenstadt“, sagt er und lacht. Dann saugt er ein paar Züge Rauch ein, stößt eine Wolke aus, die für einen Augenblick sein Gesicht vernebelt.

„Die Fische waren immer meine Freunde!“, sagt er sehr langsam, „meine Freunde waren sie, auch wenn ich sie gefangen habe.

Sie haben klare Augen. Sie reden mit ihren Flossen und Schwänzen. Manche liegen sehr still, bevor ich sie absteche, andere wollen fortschwimmen im Todeskampf, sie erinnern sich an das Wasser, das sie geliebt haben. Liebst du das Wasser?“

„Ja“, sage ich, „ich schwimme sehr gerne.“

„Ich kann nicht schwimmen", sagt der alte Mann. „Und wenn ich schwimmen könnte, ich würde nur unter Wasser schwimmen.

Mit den anderen."

Er lacht und wischt sich mit der Linken über den Schädel.

Meine Audienz ist beendet.

Mit der rechten Hand putzt er sich die Nase, steht auf, tritt hinter seinen Hackklotz, nimmt den nächsten Fischkopf und teilt ihn mit einem einzigen Schlag in der Mitte.

„Jetzt weißt du genug! Jetzt kannst du über die Fische schreiben. Und über mich!"

Einfache Lösung

Der Junge, der mich durch viele Altstadtgassen begleitet hat und immer wieder anspricht, will mir grüne Vögel mit gelben Schnäbeln verkaufen. Er ist etwa sieben Jahre alt, wirkt aber mit seiner keck geschnittenen schwarzen Haartolle und seinem selbstbewussten Auftreten wie ein Verkaufsprofi. Hier in der Innenstadt von Patan, einem Nachbarort der nepalesischen Hauptstadt Kathmandu, gibt es viele Straßenhändler, aber keiner von ihnen verkauft, wie er, grüne Vögel.

Die sitzen, oft ängstlich aufflatternd, in kleinen Käfigen, die der Junge an einer Stange über der Schulter trägt.

„Fünfhundert Rupien", flüstert er, „nur fünfhundert Rupien, Mister: Billig. Billig. Billig!"

Fünfhundert Nepalrupien, das sind etwa fünf Euro.

In diesem Land ein stolzer Preis.

Ich erkläre dem Jungen freundlich, dass ich so einen Vogel auf meiner Reise durch Nepal nicht mitnehmen kann. Leider.

Er lacht und sagt: „Das musst du doch nicht. Lass ihn fliegen!"

Eingereiht

Der junge Mann auf dem Platz unter der Brücke in Indore weint, heult herzzerreißend, schluchzt, fällt auf die Knie, stolpert jetzt beim Aufstehen, schwankt und schreit all sein Leid aus sich heraus. Er kann sich nicht fassen. Freunde versuchen ihn zu trösten, sie reden auf ihn ein, sie stützen und umarmen ihn. Über den Platz kommt jetzt im Laufschritt ein Leichenzug auf die Gruppe zu. Männer tragen die Bahre aus Bambusstäben, die mit Stricken zusammengebunden sind. Das weiße Tuch über dem Leichnam ist mit Blüten geschmückt und flattert auf. Die Trauergemeinde, es sind nur Männer, werfen noch mehr Blumen hoch in die Luft, strecken ihre Arme empor, singen und beten. Jetzt drängen die Freunde des jungen Mannes ihn dicht an die Bahre heran, er muss einen der Querstäbe fassen, ein anderer ist für ihn aus der Reihe der Träger ausgeschert. Das Gewicht des Toten liegt jetzt mit auf seinen Schultern. Er wird im Wirbel der Arme und Beine mitgerissen. Jetzt weint er nicht mehr, er singt mit den anderen. Alle umkreisen den Platz, schwenken dann durch ein Tor zum Verbrennungsplatz ein. Der junge Mann hebt mit den anderen Männern die Last von den

Schultern. Er ist jetzt sehr ruhig und gefasst. Seine Freunde, die ihn eingereiht haben, stehen hinter ihm.

Gefährliche Stelle

Der Fahrer des Sammeltaxis gibt Gas, als gelte es, einen Rekord zu brechen. Vor einem Absturz in die Schlucht neben uns sollen einige Steinklötze am Straßenrand schützen. Manche sind umgefahren. Niemand weiß, warum gerade hier so viele Unfälle passieren und die Wagen abstürzen. Ich ahne es.

Fünfhundert Meter vor dieser gefährlichen Stelle steht ein Priester am Straßenrand mit Farbtopf und im heiligen weißen Gewand. Er steht da, weil vor Jahren hier nach Regenfällen die Straße abgerutscht ist. Einige Jeeps sind in die Schlucht gefallen. Jetzt ist die Straße frisch repariert, aber die Erinnerung an dieses schreckliche Unglück bleibt. Unser Fahrer hat angehalten, der Priester segnet das Fahrzeug und drückt uns allen einen Punkt auf die Stirn. Gelassen nimmt er das Bakschisch entgegen.

Jetzt, mit göttlichem Segen, kann der Fahrer ohne Gefahr ins Tal hinunterbrausen. So schnell wie irgend möglich.

Geschäfte mit Gittern

Im Vorgarten eines Hotels stehen auf dem kurz geschnittenen Rasen zwei schwere, eisenbeschlagene Flügel. Das Tor eines Palastes. Kostbare Intarsien, vielleicht von einem Grabmal, schmücken den Handlauf einer modernen Balustrade. Über dem Eingang uralte geschnitzte Drachenköpfe, im Foyer eine Buddhastatue aus dem 17. Jahrhundert, im Speisezimmer das Rad eines Tempelwagens und in jedem der zweihundert frisch renovierten Gästezimmer: Geschnitztes, Behauenes, Bemaltes. Hinter dem Haus erwarten den Gast Pagodentürmchen, Marmorsäulen und wunderschöne verwitterte Hindugötter. Was im Freien rings um den Swimmingpool steht, wird nachts angestrahlt und bewacht. Die Tore im Vorgarten sind dann in ständig wechselndes farbiges Licht getaucht.

Das Management eines Hotels der Luxusklasse in Indien weiß, was es seinen Gästen bieten muss: „Die schönsten Antiquitäten des Landes!“

Da wollen kleinere Hotels nicht zurückstehen und hängen an die Wände ihrer Zimmer zierliche Fenstergitter, stellen die Fragmente von Buddhas Fußabdrücken zwischen die Curryschüsseln auf dem Büfetttisch und schmücken die Toiletten mit kunstvoll gerahmten Blumenmotiven auf alten Seidenstoffen.

Natürlich muss auch hier in der Empfangshalle zumindest ein Gott, ein goldenes Tempelrequisit oder eine echte Tanzmaske aus Kerala aufgehängt sein. Selbst in den Hotels der Budget-Kategorie ist diese Sucht verbreitet. Antiquitäten, das Markenzeichen für gediegene indische Hotelkultur!

Der Markt fordert echtes, historisches Material, keine Kopien, wie sie überall angeboten werden.

Was tut ein Antiquitätenhändler, wenn er Originalstücke günstig einkaufen möchte?

Er beauftragt über Zwischenhändler geschäftstüchtige Herren, die systematisch vor allem ländliche Gebiete durchstreifen. Sie kaufen alles auf, schwatzen ab oder plündern unbewachte Objekte.

Natürlich gibt es strenge Gesetze gegen diesen Ausverkauf, gegen die Zerstörung eines kulturellen Erbes, das hier oft nur verwaltet und nicht genügend geschützt wird. Doch der Bedarf an Antiquitäten ist so groß, die Handelsspannen sind so verlockend, dass bisher niemand ernsthaft diesem Kunstraubbau Einhalt gebieten konnte.

Ich habe manches über dieses Geschäft mit Antiquitäten gelesen und mir von indischen Museumsleuten erzählen lassen: „Die besten Stücke kommen in den Handel“, sagt mir einer. „Sie müssen teuer für ein Museum zurückgekauft werden! Manchmal wissen wir genau, woher das Stück stammt!“

Mir sind in einem bescheidenen Hotel in Rajasthan kostbare Gitterornamente aufgefallen, die aus Palästen stammen könnten. Der Hotelbesitzer, den ich fragte, woher er sie habe, ist richtig stolz auf seine kleine Sammlung, will mir aber nichts über ihre Herkunft erzählen. Endlich meint er, weil er mich nicht verärgern möchte: „Meine Frau hat die Gitter geerbt, von einem Onkel, der hat sie auch geerbt, von seinem Vater, der war ein Künstler und der hat sie gedrechselt!" Wer glaubt das? Die Gitter sind mindestens dreihundert Jahre alt!

In einem der Industriegebiete von Jaipur, in der Nähe eines kleinen Bahnhofs auf einer Nebenstrecke, gehe ich über die Gleise und suche den Ausgang zur Stadt. Ich habe unterwegs in der Vorortbahn, es war heiß und schwül, viel Wasser getrunken. Ich muss hier irgendwo pinkeln. Jeder tut das ungeniert und setzt sich dazu in die Hocke. Ich gehe als Europäer lieber durch ein Stück Buschwerk und stelle mich an einen hohen hölzernen Zaun. Hinter dieser fest zusammengefügten Wand – das fällt irgendwie auf in einer Gegend, wo sonst alles nur brüchig und verrottet ist – entdecke ich zufällig durch einen Spalt ein Lager: hölzerne Türen, in mehreren Reihen dicht aneinandergelehnt, Treppenstücke, Gitter in Stapeln, behauene Steine, Figuren, die ich aus der Ferne nicht genau erkennen kann. Ich laufe am Zaun entlang. Das Tor ist verriegelt. Ein Sicherheitsschloss. Ich sehe kein Schild, das auf eine Firma hinweist.

Meinen Reisesack schleppe ich zu einem kleinen Hotel und sehe den Elefantengott Ganesha über der Rezeption.

Ganesha sieht in dieser einfachen Absteige ohne Kategorie nicht so aus, als müsse er besonders geschützt werden. Ich stelle mich unter die Dusche, schlafe eine Stunde nackt auf dem Bett, dusche noch einmal, weil ich wieder nassgeschwitzt bin, ziehe mich an und lasse mich von einer Motorrikscha zurückfahren in die Gegend, wo das Lager liegt.

Gegen vier Uhr stehe ich an einer Teebude, dem Eingang, der immer noch verschlossen ist, schräg gegenüber. Der Tee duftet nach Jasmin. Ich sehe mich um. Einer der Teetrinker spricht mich an. Er will wissen, was mich hierher verschlagen hat. „In diese Vorstadt kommen selten Touristen", sagt er und biedert sich mit einem breiten Lächeln an. „Oder suchen sie eine nette Freundin?" Er lacht: „Da kann ich helfen!"

Der Mann gefällt mir nicht, aber vielleicht kann er mir einen Tipp geben.

„Ich suche ein Geschäft für alte Türen, Gitter und so", erzähle ich beiläufig. „Hier in dieser Gegend soll das irgendwo sein!"

Er sieht mich schräg von der Seite an, taxiert mich, kommt wohl zu dem Ergebnis, dass ich nicht schick angezogen bin, aber als Ausländer doch Geld haben könnte.

Er sagt, als hätte ich ihm gerade einen Auftrag erteilt: „Ich werde mich erkundigen, ob das Lager heute noch geöffnet wird. Wenn, dann gegen Abend!"

Wir verabreden uns. „In zwei Stunden wieder hier!"

Ich drehe eine Runde durch die Altstadt und bin pünktlich zurück.

Mein neuer Freund steht hier jetzt mit einem jungen sympathischen Mann. Sie trinken Tee. Ich stelle mich dazu. Das übliche Gespräch über „woher und wohin“, dann fragt der junge Mann mich sehr direkt: „Was suchst du?“

Ich erzähle ihm, ich sei am Hawa Mahal gewesen, dem „Palast der Winde“. Die über fünfhundert wunderschönen vergitterten Fenster, durch die die Hofdamen unbeobachtet den Prozessionen auf der Straße zusehen konnten, hätten mich fasziniert.

„Welch eine Harmonie! Ein Traum, so etwas in seiner Wohnung zu haben! So viele Formen und so viele, immer neue Muster“, schwärme ich. „Das können nur Künstler aus Indien!“

Er fühlt sich geschmeichelt.

„Sie wollen historische Gitter kaufen? Aus Holz vermutlich. Aus Stein wären die wohl ein wenig schwer für Ihr Gepäck!“ Er lacht. „Obwohl“, setzt er hinzu, „das könnten wir auch organisieren!“

Er hat angebissen!

Eine Stunde später bin ich erschöpft vom Gang durch eine Wunderwelt der verschiedensten Tore, Türen, Gitter und Figuren aus allen indischen Staaten. Ein Museum, das Kunstwerke zeigt, die aus Palästen, Amtsstuben und Privatvillen zusammengeraubt wurden. Manches sorgfältig restauriert, anderes in viele Stücke zerbrochen. „Ein Fragment“, erklärt mir der junge Mann beiläufig, „verkauft sich besser als ein vollständiges Stück. Ein Fragment wirkt kostbarer! Es ist billiger, aber in der Summe macht es sich bezahlt, nur Teile zu verkaufen! Was haben Sie ausgewählt?"

Ich habe mir drei kleinere, gut gearbeitete Gitterstücke herausgesucht, sorgfältig gedrechselt, zum Teil noch mit Farbresten der ursprünglichen Fassung.

„Was sollen die kosten?"

Er verlangt fünfhundert Dollar.

„Haben Sie auch bessere Stücke?" Er lächelt über meine Frage. Er denkt nach. Jetzt wittert er ein großes Geschäft!

„Wir besorgen Ihnen, was Sie wollen! Wir liefern, wohin Sie wollen! Nur, alles hat seinen Preis!"

Ich will keine Gitter kaufen. Ich wollte nur wissen, wie das Geschäft so läuft. Als Adresse gebe ich ein Hotel der Luxusklasse an. Er will mir Fotos schicken von Gittern aller Art, die er besorgen kann. Wir trinken Tee. Er will mich noch zum Hotel fahren. Ich lehne das ab.

„Ich brauche", sage ich, „ein wenig frische Luft!"

Die brauche ich wirklich!

Geschenkte Zeit

Ein Reifen platzt. Wir schleudern. Der Fahrer bringt den Wagen sicher zum Stehen. Neben uns ein Abgrund, vor uns der steile Anstieg hinauf auf einen grünen Höhenrücken. Dort liegt Gompa Rumtek, das tibetische Kloster der Schwarzhutsekte. Der Fahrer sagt: „Sir, ich werde das Rad sofort wechseln. Es dauert keine zehn Minuten."

Ich vertrete mir die Füße, gehe ein paar hundert Meter weiter bergauf und stehe dann vor einem kleinen Bambuswäldchen mit Sonnenlicht, das schräg zwischen den hohen Stämmen einfällt. Ich glaube, so ein bezauberndes, bizarres Spiel von Licht und Schatten habe ich noch nie gesehen. Schneebedeckte Berge am Horizont, viertausend Meter hoch, leuchten zwischen den Stämmen hindurch. Ein kühler Hauch weht herüber. Es ist sehr still. Ohne den Radwechsel, denke ich, wären wir hier in einem Augenblick vorübergerauscht.

„Das Ersatzrad ist Schrott", sagt der Fahrer, der mir nachgestiegen ist. „Mein Wagen ist das nicht. Sonst wäre das anders. Die Mönche werden ohne uns tanzen müssen." Er lacht, als ich ihm zeige, was ich eben entdeckt habe: Diesen phantastischen Ausblick auf die Berge. Er versteht meine Faszination nicht. Er findet das Stück Landschaft normal, ja, eigentlich sehr gewöhnlich. Er kenne andere Perspektiven. Wir kommen ins Gespräch.

Lässig lehnen wir uns später gegen die alte Taxikarre.

Wie Kumpels, die sich vieles zu erzählen haben.

„Mein Chef hat mir zum Monatsende gekündigt." Er stellt das fest. Nicht wütend, nicht traurig. „Andere Fahrer bekommt er billiger. Ich verstehe das irgendwie. Aber ich bin gut, ich will nicht für einen Hungerlohn arbeiten." Plötzlich fragt er mich, warum ich nicht mit Freunden reise. Fünf in einem Taxi – das lohne sich doch. Er, wenn er verreise, habe immer seine Freunde dabei. Als ich versuche, ihm verständlich zu machen, dass ich lieber mit ihm rede als mit vier alten Freunden aus Europa, da lacht er etwas verunsichert und glaubt nicht so recht, dass ich das ernst meine.

Wir warten auf irgendein Fahrzeug, das uns helfen könnte.

Das wird hier in den Bergen Stunden dauern.

Macht nichts.

Wir nutzen die geschenkte Zeit.

Hinsehen – Wegsehen

Wenn zum Betteln dressierte, zerlumpte Kinder sich an meinen Arm hängen, ein nackter Mann Blut kotzt, zappelnde Hühner kopfüber an Fahrradlenkstangen baumeln und sich gegenseitig in Todesangst die Augen auspicken – dann gehe ich schneller.

Vieles will ich nicht mitfühlen, sehen und riechen müssen.

Ich könnte so viel Elend nicht ertragen.

Manchmal aber kann ich Bildern nicht ausweichen. Auf der Bahnfahrt am Brahmaputa entlang von Guwahati nach Siliguri hielt der Zug irgendwo neben einem Lagerplatz, wo Kohlenstaub aus Güterwagen in Lkw umgeladen wurde. Über hundert junge Männer und Jungen, noch halbe Kinder, steigen auf Leitern zum geöffneten Dach des Waggons hinauf, lassen sich die leeren Behälter vom Kopf nehmen und neue, mit schwarzem Staub gefüllte, aufsetzen. Mit dieser schweren Last steigen sie die schwankenden Leitern hinunter und zehn Meter weiter zum Bord des Lastwagens hinauf. Dort kippen sie den Staub ab. Eine Wolke steigt auf und umhüllt sie. Jetzt können sie nicht atmen. Auf zwanzig Leitern steigen die Arbeiter ständig, wie an einem unsichtbaren Faden aufgereiht, hinauf und hinunter. Die nackten Oberkörper, die Lendentücher und Haare sind mit Kohlenstaub verklebt. Nur der Schweiß zeichnet ein paar hellere Spuren auf die Brust, und die Augäpfel sind weiße Punkte in den Gesichtern. Keiner spricht, mancher stöhnt, wenn er die schwere Last aufgesetzt bekommt. Da bricht eine Sprosse. Ein Kind stürzt und wird beiseitegezogen. Es liegt nach einer halben Stunde noch da. Der Auf- und Abstieg war niemals unterbrochen, nur die Leiter wurde ausgetauscht. In unser Zugabteil ist viel Staub hereingeweht, jetzt schließt einer das Fenster. Ich versuche zu lesen, in eine andere Richtung zu sehen. Das geht nicht. Die nackten Leiber vor dem Fenster steigen auf und ab. Es wird unerträglich heiß im Abteil. Der Durchzug fehlt. Das Fenster wird wieder geöffnet. Staub weht herein. Fahrgäste schimpfen über den Dreck. Jetzt blicken ein paar Augen der Jungen zu uns herüber. Stumm. Apathisch.

Als sich der Zug eine Stunde später wieder in Bewegung setzt, werden die Kleider ausgeschüttelt, und bald ist das Ärgernis vergessen.

Ich sitze in meiner Ecke und schreibe über das Hinsehen und das Wegsehen und weiß nicht, wie ich es in Worte fassen soll.

Hinter dem Tempel des heiligen Zahns

„Thank you for your holiday in my home country“, sagt Charles, der Aufseher, höflich und lächelt mir zu. Er bewacht dieses von ihm so liebevoll gepflegte Stück Erde, liest mir die verwitterten Inschriften vor und erzählt, was er sonst noch über die Grabstätten weiß. Ein Freundeskreis hat den alten britischen Friedhof in Kandy auf Sri Lanka in den letzten Jahren restauriert und Charles hat manchen Stein mit Sorgfalt abgewaschen oder sauber gebürstet, damit die Buchstaben und Zahlen besser zu erkennen sind.

Mich faszinieren solche Friedhöfe. Sie erzählen andere Geschichten als die, die in Geschichtsbüchern stehen.

Das Gräberfeld liegt hinter Sri Dalada Maligawa, einem mächtigen Tempel, vor dem täglich über tausend Pilger in langen Schlangen geduldig auf Einlass warten. Nur wenige hundert Schritte bergauf sind es von dort bis hierher. Unten wird mit feierlichen Gesängen ein Zahn Buddhas verehrt. Hier oben ist es sehr still. Nur die Affen toben in den tropischen Bäumen am Rand des Friedhofs, wie Kinder, die sich erproben. Einer lässt sich gerade elegant mit weitem Schwung auf eine der Grabplatten fallen.

Charles ist auf Sri Lanka geboren, seine Vorfahren aber stammen aus Indien und Schottland. Er kennt seine einhundertfünfundneunzig Gräber genau und erzählt von den Toten, die auf diesem Feld seit 1822 begraben wurden, als habe er sie persönlich gekannt. „Als die ersten Soldaten kamen, da gab es hier nichts als schwüle Dschungelluft, Cholera und Fieber“, sagt er, „bis 1902 wusste niemand, dass Moskitos Malaria übertragen. Gestorben sind die Soldaten aus England mit dreiundzwanzig oder fünfundzwanzig, die meisten waren kaum dreißig Jahre alt. Jung waren sie, hatten den Kopf voller Pläne und Träume. Es gibt natürlich auch ein paar Gräber von Kaffeeplantagenbesitzern – Tee wurde nur selten angebaut –, die meisten aber waren Soldaten. Einer, Captain James McGlashan, hat in Waterloo gegen Napoleon Bonaparte gekämpft. Gestorben ist er an einer tropischen Erkältung auf Sri Lanka. Die meisten wurden von Moskitos gestochen und in den Sümpfen ausgesaugt von Blutegeln“, erzählt Charles weiter, „John Spottiswood Robertson, dreiundzwanzig Jahre alt, ist von einem Elefanten zu Tode getrampelt worden, William Watson Mackwood starb, als er zu schneidig von seinem Pferd stieg und sich selbst auf einen spitzen Pfahl spießte. McGill erlag 1873 einem Hitzschlag, David Findlay wurde unter einem einstürzenden Haus begraben und hier, hier liegen fünf Kinder Seite an Seite in winzigen Gräbern. Ich weiß nicht, was da passiert ist.“

Nach 1873 wurde auf diesem Friedhof niemand mehr begraben. Strenggläubige Buddhisten vom Zahntempel kämpften dafür, dass Ungläubige nicht in der Nähe ihres Heiligtums beerdigt werden durften. Ich will Charles fragen, wie sich die Angst vor Nähe zwischen Buddhisten und Christen in Kandy entwickelt hat, aber er lenkt ab: „Hier ist die Grabstätte einer Frau, sie wurde sechsundachtzig Jahre alt. Ihr letzter Wunsch war es, ihren Sohn, einen britischen Soldaten, noch einmal zu sehen. Sie reiste hierher, sah ihn und starb am nächsten Tag." Ich frage nicht weiter. Charles will nicht über Konflikte zwischen den Religionen reden. Er will keinen Streit. Warum auch, nach über einhundertdreißig Jahren.

„Nicht an jedem Tag kommen Besucher. Manchmal sehe ich über eine Woche keinen Engländer", sagt er gespielt verärgert und lächelt dann, „aber du bist gekommen, auch wenn du kein Engländer bist." Er sagt das, als sei mein Besuch doch immerhin etwas wert. Als ich ihm erzähle, dass meine Tochter in England lebt und mit einem echten Engländer verheiratet ist, da lacht er glücklich. Ich fühle mich jetzt erst von Charles akzeptiert.

Wir gehen langsam zwischen den Gräbern zurück. „Margarete, die Tochter von Sir John Cheape, liegt hier links begraben", sagt Charles, „sie wurde nur vier Monate alt. Einige Gräber nennen keine Namen, nur die Initialen sind eingemeißelt." WS steht auf einem kleinen Stein, auf einem anderen ST.

Ich sehe hinüber zu den Bergen, die wolkenverhangen einen Wetterwechsel ankündigen. Charles ist vorausgegangen.

Er wird am Ausgang auf mich warten. Für eine Weile bleibe ich ganz für mich allein.

Hochglanz

Die beiden alten Schuster hocken, als ich vorbeikomme, auf einer eingerissenen Plastikplane an einer Straßenkreuzung in Bhopal und essen ihr Curry. Sie strahlen mich an, als ich stehen bleibe – endlich ein Kunde – und wollen sofort ihre Näpfe zur Seite stellen.

„Ihr könnt in Ruhe zu Ende essen“, sage ich.

Sie essen weiter, fordern mich aber mit Blicken und Kopfbewegungen auf, ihnen zu zeigen, was mein Problem ist. Ich habe meinen linken Schuh ausgezogen und deute auf das halb abgeplatzte Gummistück vorne an der Schuhspitze. Da zieht sich eigentlich die Sohle bis über das Vorderleder hoch. Jetzt hängt sie herab. Sie nicken, essen die Reste auf, wischen die Hände an einem Lappen ab und bitten mich mit einer Handbewegung, auch den zweiten Schuh auszuziehen. Obwohl dieser rechte Schuh völlig in Ordnung ist, wird auch er, wie der linke, von seinen langen Schnürsenkeln befreit und diese sorgfältig über ein Eisengitter gehängt. Jetzt staubt der eine meine Schuhe ab, der andere holt aus einem Fläschchen zähflüssigen Klebstoff mit dem Zeigefinger, wischt ihn zwischen Leder und Gummi des linken Schuhs und stellt ihn beiseite.

Der rechte wird nun an der Stelle, an der der linke aufgeplatzt ist, prophylaktisch mit kräftigem schwarzem Garn genäht. Wie eine Wunde, die nie offen war, aber geschlossen wird, damit sie niemals aufplatzen kann. Bald sind beide Schuhe vernäht und werden sorgfältig mit flüssiger Schuhcreme, Bürsten und Tüchern geputzt. Schon über eine halbe Stunde sind die beiden Schuster beschäftigt. Ein sorgfältig geplantes Schuhreparatur- und Pflegeritual, das in großer Ruhe und Gelassenheit vorgeführt wird. Jetzt nur noch die Super Polish Cream – sie riecht frisch und wirkt etwas fremd mit ihrem Hochglanz auf meinen alten Tretern. Meine jetzt senkellosen glänzenden Schuhe sehen komisch aus, so ausgezogen, wie ein Mieder ohne Verschnürung, halb nackt.

Nun ist es an der Zeit, meine Schnürsenkel sorgfältig abzumessen, damit sie sich in gleicher Länge in die zwölf Ösen fädeln lassen. Noch einmal wird nachgeputzt.

Kühe trotten über die Kreuzung, Bettler und Busse, ein Hund schläft neben mir. Ich sitze da und träume.

„Sir!“ Das erste Wort, das ich von den Schustern höre, weckt mich auf. Der erste Schuh ist fertig. Ich streife ihn über, ziehe die Senkel nach und binde die Schleife. Jetzt der zweite Schuh. Fast eine Stunde ist vergangen, seit ich mich gesetzt habe. Eine Stunde, die mich nach dem langen Gang durch die laute, lebhafte Stadt ganz zur Ruhe gebracht hat.

Ich gebe den Schuhfachmännern einen Einhundert-Rupienschein. Viel Geld für sie. Sie haben es sich verdient. „Change?“, fragt der eine und meint damit, ob ich nicht

Kleingeld habe. Er kann nicht wechseln. Ich winke ab, verbeuge mich leicht vor ihnen, um ihnen zu danken.

„No change?“, fragt der andere erstaunt. Ich schüttle den Kopf.

Da lachen sich beide an. Sie schütteln sich die Hände. Das soll wohl heißen: Das haben wir gut gemacht.

Seither trage ich vorne auf meinen Schuhen diese Nähte, die mich an die Schuster in Bhopal erinnern. Immer, beim Ausziehen und beim Anziehen, sehe ich sie und denke mit einem kleinen Lachen an dieses fast wortlose Reparaturritual.

Ich tanze für dich

Der rothaarige, sehr schlanke Mann mit kräftigem nacktem Oberkörper, der sich auf ein brüchiges Ruder stützt – ein lebendes Werbeschild –, hat mich gefragt, ob ich eine Bootstour auf dem Ganges wünsche. Einen Augenblick überlege ich. Schön wär's ja, die Ghats von Varanasi vom Fluss aus zu sehen. Es sind aber heute am frühen Nachmittag noch über fünfunddreißig Grad im Schatten.

„Nein, danke", sage ich, „vielleicht später, am Abend."

Sein Sohn will mir Postkarten verkaufen.

„Ich mache meine Fotos selbst", antworte ich und zeige ihm meine von vielen Reisen abgewetzte Kamera, die er höflich interessiert betrachtet.

Er öffnet eine kleine Mappe mit Bildern von Toten, die hier am Ufer des Ganges verbrannt wurden. „Das darfst du nicht fotografieren", sagt er und lacht. Er hält mir die Fotos dicht vor die Augen. Ich will sie nicht ansehen. Bei vielen Verbrennungsritualen habe ich auf den Stufen gehockt. Ich brauche seine Bilder nicht. Er versucht mich noch mit Fotos von leicht bekleideten Damen zu ködern. Ich schüttle stumm den Kopf.

Er sucht sich jetzt neue Kunden, ich bleibe auf den Stufen der Treppe, die zum Ganges hinunterführt, sitzen. Dort unten ein buntes Gewusel: Es wird Wäsche gewaschen, gesungen, geschwommen, gebetet. Faulige Blüten treiben im graubraunen Wasser mit verkohlten Holzstücken und bunten Stofffetzen von den Scheiterhaufen flussaufwärts. Rauchschwaden wehen zu mir herüber.

Jetzt versucht die kleine Schwester des Postkartenverkäufers – sie ist vielleicht fünf Jahre alt – ihr Glück. „Ich tanze für dich", flüstert sie mir leise zu und dreht sich einmal kokett um sich selbst. „Nur zwei Rupien." Ich bin erschrocken und weiß nicht, wie ich mich verhalten soll. Der Vater, der Sohn und die kleine Schwester sehen mich gespannt an. Ich krame zwei Rupien aus der Tasche, lege sie auf die Stufe neben mich und sage zu der Kleinen:

„Zwei Rupien für dich, wenn du nicht tanzt."

Ich stehe auf, grüße die Familie und gehe. Das kleine Mädchen hat die Geldstücke schnell aufgesammelt und winkt mir nach.

Als ich Stunden später am unteren Ufer zurück zur Innenstadt gehe, steht die Familie hoch oben über mir auf der Treppe. Die Mutter ist jetzt auch dabei mit einem Korb voller nasser Wäsche. Das kleine Mädchen steigt auf eine der erhöhten Plattformen, auf denen am Abend heilige Zeremonien zelebriert werden, winkt mir fröhlich zu und tanzt lachend mit kleinen Schritten und weit ausschwingenden Armen für mich.

Ich trage dich, wohin du willst

Um fünf Uhr früh sitzen junge und auch einige ältere Männer auf den Stufen neben dem Polizeiposten an einer Kreuzung mitten in Kalipong. Einige wenige unterhalten sich. Andere starren vor sich hin.

Plötzlich bremst ein Kombi. Die Männer sind aufgesprungen und drängen an den Wagen heran. Der Fahrer sortiert aus und nimmt vier der Kräftigsten mit. Ältere haben keine Chance. Wer mitkommen darf, hängt sich seinen Tragegurt über die Schulter. Wieder hält ein Wagen. Sieben werden ausgewählt. Jetzt sind auch ein paar Ältere darunter.

Später am Tag sehe ich sie wieder, die Träger, den Gurt, der sich tief eindrückt, über die Stirn gespannt und hinter ihnen die Lasten: Reissäcke, Fernseher, Kübel, Bettgestelle, Schränke, Colakisten – zwölf auf einem Gurt. Jeder auf der Straße weicht den Männern aus, weil er weiß, das jede Seitwärtsbewegung die Träger aus dem Gleichgewicht bringen kann.

Die Alten, der Rest, die Leute über dreißig, sitzen mittags noch immer an der Kreuzung. Ich setze mich dazu. „Heute kein Essen“, sagt der Blick des einen. Ein anderer meint resigniert: „Ich werde vom Sitzen müder als vom Schleppen.“ Ein Dritter, Grauhaariger, kratzt sich den Stoppelbart und fragt mich mit einem Lachen und doch sehr ernst: „Soll ich dich tragen? Nur zwanzig Rupien. Ich trage dich, wohin du willst.“

Ich will nach Europa!

„Ich will nach Europa!", sagt der junge Mann.

Er sitzt im Bus neben mir und redet auf mich ein.

Er glaubt, dass er in Europa sehr viel Geld verdienen könne.

„Ich habe vielleicht bald einen technischen Abschluss", meint er. Pause. Er denkt nach. „Christ zu werden, das wäre für mich auch kein Problem!"

Wir sitzen in einem Bus, der Hindupilger in Rameshwaram, im Süden Indiens, zu verschiedenen heiligen Stätten bringt. Der junge Mann neben mir befolgt alle Rituale, die der Reiseleiter empfiehlt, sehr genau. „Christ zu sein, das muss man doch lernen können. Oder?"

Er erzählt mir von einem Freund, der Christ wurde. „Christen haben immer mehr Geld als Hindus", hat ihm sein Freund gesagt.

Noch ist er nicht reich, aber vielleicht bald! Ein christlicher Gott sorgt besser für seine Gläubigen.

Mein junger Mann ist erstaunt zu hören, dass jemand, der nach Europa kommt, kein Christ sein muss, um Arbeit zu finden.

„Es geht mehr um eine gute Ausbildung", sage ich, „um Sprachkenntnisse und darum, ob gerade dein Beruf gebraucht wird. Als Computerfachmann zum Beispiel!"

Er will das eigentlich nicht hören, das mit „Sprachen-Lernen" und „Ausbildung". Er bittet mich noch einmal nachdrücklich, bei aller Freundschaft, ihm einen Job zu besorgen. Einen guten!

„Vielleicht ist es besser, du erkundigst dich über Chancen und Angebote im Internet!"

Er hält davon wenig, das sei alles so anonym, viel besser wäre es, wenn ich ihm einen Arbeitsplatz vermittelte. Ich sei doch ein guter Mensch! „Es ist immer das Beste, wenn jemand einen anderen empfiehlt!"

Ich kenne den jungen Mann nicht, ich weiß fast nichts über ihn, und doch erwartet er von mir, dass ich ihn empfehle. „Warum verrätst du mir nicht, was du gelernt hast?"

„Das ist nicht so wichtig", meint er. „Hauptsache ich habe einen guten Job und viel Geld!" Er sagt das fast trotzig. Ich glaube, er hat bisher wenig gelernt. Er träumt nur einen Traum.

Jetzt fragt er mich über Europa aus. Er wundert sich, dass es in Europa oft regnet. Ich erzähle ihm, was Indien von Europa unterscheidet. Die Freundlichkeit hier, die Hilfsbereitschaft, die Gastfreundschaft.

Er glaubt mir kaum etwas von dem, was ich über Europa berichte. Ich erzähle über Probleme, Ängste, von Schnelligkeit und Härte. Nichts über die wunderbaren Dinge.

„So kann doch Europa nicht sein, so kalt, so abgeschottet!“ Aber er ist nachdenklich geworden.

Erst als ich ihm erzähle, wie viel ein Zimmer in Deutschland kostet, ein Essen, ein Hemd, da meint er, Indien sei doch eigentlich wunderschön, und lehnt sich, irgendwie erleichtert, zurück.

Im Bauch der Stadt

Ich sitze auf einer Holzkiste. Vor mir ein Einbeiniger mit zwei Krücken. Er lehnt sich auf seine linke Krücke und stößt einen Stein mit der rechten gegen eine Mauer. Der Stein springt zurück. Jetzt liegen schon zwei Steine genau nebeneinander. Jetzt ein dritter, exakt im gleichen Abstand von der Wand. Gelingt ein Stoß nicht, stöhnt der Einbeinige auf und schießt diesen Stein sofort noch einmal. Beim dritten Schuss gelingt es immer!

Jetzt hat er fünf Steine in eine Reihe geschossen. Er lacht und bittet den Zuschauer mit diesem Lachen um ein Almosen.

Mädchen durchsuchen mit langen eisernen Haken Haufen, die Müllarbeiter aus ihren Karren geschüttet haben. Jedes Stück Papier wird sorgfältig herausgelesen, alles, was essbar aussieht, sorgfältig aufgesammelt und auf Tücher gelegt. Alle Plastikteile werden in Säcke gestopft und vor den Wohnplätzen gelagert. Jeder Sack wird gut bewacht!

Die Kleineren dürfen noch spielen. Sie sammeln alles, was grün aussieht, in Schalen und schütten es vor den Ziegen aus.

Eine Fahrradrikscha mit verschlissenem Verdeck parkt unter einem Baum. Sie ist mit Straßenstaub grau bepudert. Der Fahrer schläft auf der Rückbank und hat seine Beine über Kreuz auf den Sattel gelegt.

Ein Arm ragt grotesk über die Seitenwand der Bank hinaus, der andere liegt über seinem Bauch wie eine magere Schlange. Die Hand hält ein Stück Papier, als müsse sie ihren Herrn, wenn er erwacht, an etwas erinnern.

Eine Toilettenanlage. Ein Ziegelbau. Neu errichtet. Auf dem Schild steht, ein Schüler übersetzt es mir: „Haltet Kolkata sauber!" Ringsum ein stinkender Brei. Die Benutzung der Toilette kostet eine Rupie! Wer wird eine Rupie verschleudern wollen!

Die Motorrikscha vor uns hat auf der vierspurigen Brücke über Bahngleise einen Karren mit Tomaten gestreift. Mein Fahrer und ich, wir sehen das genau. Der Karren stürzt, und eine rote Flut rollt uns entgegen. Mein Rikschafahrer fährt durch sie hindurch, es matscht und spritzt, er hält an, steigt aus, geht auf den schuldigen Rikschafahrer zu, steht ihm fast auf Tuchfühlung gegenüber, droht ihm mit einer Kopfbewegung, die sagt: „Bring die Sache sofort in Ordnung!" Der Rikschafahrer gibt dem Tomatenhändler fünfzig Rupien, die der umständlich abzählt. Der Tomatenhändler freut sich. Ein gutes Geschäft! Er reicht dem schuldigen Fahrer zwei Tomaten, die er sorgfältig aus den Resten herausgesucht hat. Mein Fahrer bekommt eine Tomate. Ich darf meine Tomate bezahlen.

Auf Leinen trocknet Wäsche. Viele farbige Tücher, manche eingerissen, andere ausgebleicht oder verfärbt. Kinder werfen über diese Leinen Bälle aus Palmfasern, selbst gerollt und verknotet. Eine Frau kommt vom Fluss herauf, der hier nur eine stinkige Brühe ist, und hängt neue nasse Tücher daneben. Einem Kind streichelt sie über den Kopf.

Auf dem Fluss schiebt ein Fährmann seinen schweren, flachen Kahn mit einer langen Bambusstange von Ufer zu Ufer. Es dauert eine Viertelstunde, bis alle Passagiere übergesetzt sind. Sie stehen dicht an dicht auf dem Boot und halten sich gegenseitig an ihren Schultern fest.

Der Fluss fließt nicht. Er ist von Abfällen verstopft.

Hier, an meinem Ufer, betet ein Mann. Er steht bis zu den Knien im Wasser. Ein nacktes kleines Mädchen wäscht sich den Bauch.

Rabenvögel. Eine indische Flagge. Ein Windstoß. Die Planen der Wohnhütten schlagen um sich und knallen. Eine freundschaftliche Rangelei zwischen zwei Jungen, die mit Eimern voll Wasser vom Hydranten kommen. Ein Kind spielt mit Glasklickern, welch ein Glück!

Im Dunkeln sehen

Queen Victoria lächelt huldvoll von oben auf mich herab. Ihr hochherrschaftliches Porträt ist vom Schimmel angefressen, Farbstücke sind aufgeplatzt, haben sich von der Leinwand gelöst und liegen als feiner bunter Staub auf dem schwarzen Podest, auf dem das Gemälde steht. Die Decke des Raumes ist notdürftig repariert, eine Granate schlug im Bürgerkrieg durch den Dachstuhl. Herabfallender Putz hat das Ölbild noch weiter beschädigt.

Der alte Herr, der mich führt, beschreibt dieses majestätische Herrscherbild, als sei es noch unversehrt, als strahle es noch in der Farbenpracht des 19. Jahrhunderts.

Er geht sehr aufrecht, der alte Mann, aber mit schlurfenden kleinen Schritten.

Vor einer Vitrine mit halb blinden Scheiben erzählt er etwas über Reifen mit Glöckchen, die zum Tanz über die Fußknöchel gestreift werden. „Die hier stammen von meiner Großtante, als sie noch ein Kind war“, erklärt er mir und lächelt. Die Vitrine ist verstaubt und leer. Er deutet in eine Ecke mit ausgekerbten Holzbalken und sagt: „Tamilische Freiheitskämpfer wurden hier in Jaffna von fremden

Besatzern mit diesem Fußblock gefesselt und gefoltert!" Die Hölzer liegen unter verschmutzten Plastikplanen. Er betastet ein portugiesisches Taufbecken, eine holländische Sonnenuhr und erzählt von den vielen Völkern, die den Norden Sri Lankas Jahrhunderte lang unter ihrer Knute hielten, ausbeuteten, das Volk der Tamilen unterdrücken bis auf den heutigen Tag!

Es ist still in den dämmrigen Gängen. Ich bin der ein zige Besucher. Zwei Museumswärter begleiten den Alten, der vielleicht der Leiter des Museums war, bis die Granate einschlug. Die Wärter lächeln entschuldigend, wenn er auf etwas zeigt, das nicht mehr da ist oder in einer anderen Ecke steht.

Sie führen mich in einen Quertrakt, und der Alte erklärt mir, wie kluge Vorfahren schmutziges Flußwasser in sauberes, trinkbares verwandelten. Eine schwere Sandsteinschale wurde an Schnüren unter die Decke gehängt und mit dreckiger Brühe gefüllt. Unten tropfte dann nach einer Weile, langsam, aber stetig, das durch den Stein gefilterte Trinkwasser herab.

Er beschreibt diesen einfachen Vorgang so lebendig, so voller liebevoller Details, dass ich meine, die Tropfen fallen zu hören.

Er hat eine sehr genaue Vorstellung von seinen Ausstellungsstücken, die er schon lange kennt. „Jetzt, da ich schon seit Jahren blind bin", sagt er beiläufig, „setzten sich in meinem Kopf, und das ist merkwürdig, Dinge aus meinem

Museum miteinander in Beziehung." Er lacht und deutet auf eine kleine verstaubte Figur in einer Ecke des Schaukastens: eine junge Frau mit Tierkörper, nacktem Busen und Hörnerkappe. „Das ist ein Kultbild, das bei Feuerritualen durch die Straßen getragen wurde. Das Götterbild schwebte, von vielen Händen hochgehoben, mitten in einer Prozession tanzender Frauen in kostbaren vielfarbigen Gewändern mit Silberrassel und Glöckchen um den Knöchel, mit gefleckten Tigern voran, schwarzen Panthern und unflätigen Affen im Geleitzug, mit starken stolzen Männern, die dieser Königin zu Ehren in ihre Hörner stießen."

Die dumpfen Rufe der Hörner höre ich, sehe vor mir den Festzug mit königlich geschmückten Kindern in Sänften und Elefanten mit blauen, bestickten Decken, die mit ihren Rüsseln schwere Bronzeglocken schwenken.

Erst langsam, als der Blinde seine Führung längst beendet hat, öffnen sich meine Augen. Die Ausstellungsstücke, die Kindersänfte, die Bronzeglocken, die Hörnerkappen stehen stumm um mich herum.

Sie sind wie Dornröschen in ihren alten hundertjährigen Schlaf zurückgefallen. Die Spindel liegt am Boden, der Blutstropfen auf dem Finger ist geronnen.

Der alte Mann sitzt vor der Tür auf einer Bank, im hellen Licht, und sieht zu mir in die dämmrige Halle hinein. Ob er mich sehen kann?

Kalte Nacht

Zwei zusätzliche Decken habe ich mir gegen elf Uhr nachts aus dem unbenutzten Hotelzimmer gegenüber geholt, die dicksten Socken übereinandergestreift und meine Wollmütze über die Ohren gezogen. Ich kann trotzdem nicht einschlafen. Es ist feucht und eiskalt. Der Wind weht vom Himalaja herab bis in die Innenstadt von Amritsar an der nordwestlichen indischen Grenze zu Pakistan. Ich zittere. Gleich ist Mitternacht.

Gegen drei Uhr morgens streife ich unruhig durch die engen Gassen. Im Schatten der Hauswände Familien unter dünnen Tüchern, die auf dem gefrorenen Boden schlafen. Andere liegen zusammengekrümmt in Hauseingängen oder auf Handkarren, die sie tagsüber vor sich her schieben. Ich laufe in immer engeren Kreisen durch die Stadt. Die Bilder gleichen sich. Dort ein kleines Feuer, da ein leises Gespräch, dahinter nur Schweigen.

Als der Goldene Tempel von Amritsar im Morgengrauen öffnet, umschreite ich dreimal, wie die Gläubigen, das Becken zwischen Wasserschüttern und Wasserfegern. Die Wasserschütter schöpfen das Wasser aus dem eisigen Tempelsee, stemmen ihre Eimer hoch über ihre Köpfe und lassen die Flut vor sich auf die Steinplatten herabstürzen. Die Wasserfeger schwenken ihre Besen tief gebeugt, sie wedeln das Wasser über alle Marmorflächen und Gesimse in Rinnsteine und Ausgüsse. Die jungen Männer umkreisen das Marmorbecken, wieder und immer wieder. Eine heilige Flut, die alles reinigen soll, treiben sie vor sich her. Mir gehen die Bilder der Nacht nicht aus dem Kopf. Viele tausend Pilger umwandern täglich mit nackten Füßen den frisch überspülten Beckenrand. Jetzt bei Sonnenaufgang ist der Marmorboden so kalt, als ginge ich auf Eis. Immer wieder muss ich mich auf Stufen setzen und meine Füße mit meinen Händen wärmen.

In der vergoldeten Tempelhalle, die mitten im Becken steht, nur durch einen schmalen Steg mit den breiten Pilgerwegen am Beckenrand verbunden, werden Münzen in Boxen geworfen, Geldscheine zusammengefegt, geopferte Tücher gestapelt und Blumengirlanden über Balustraden gehängt. Drei Musikanten singen zu Handorgel und Trommeln. Ein monotoner Gesang, eine Litanei mit Vorsänger und Nachbetern. Uhren zeigen die Gebetszeiten an. Es ist elf Uhr am Vormittag.

Die Sonne hat die schmalen Marmorbalkons ein wenig aufgeheizt. Von hier aus kann ich über das Becken bis zu den Säulenhallen sehen. Im blassgrünen Wasser ziehen mächtige Goldfische ihre Bahn. Eine ungewohnte Gelassenheit überfällt mich. Ich bin müde. Was war das in dieser Nacht?

Ich muss etwas übersehen haben.

Stunden später lasse ich mich durch die engen Gassen der Altstadt treiben. Manche Kreuzung, die ich auf meiner Nachtwanderung sah, erkenne ich wieder. Die meisten Schläfer sind verschwunden, einige liegen noch da. Der monotone Gesang der Priester im Tempel wird mit Lautsprechern in jeden Winkel der Stadt übertragen. Er mischt sich mit dem Verkehrslärm der Hauptstraßen, die das Gewirr der Gassen durchschneiden. Niemand kann diesem Ritual ausweichen. Ich will meine Ohren zuhalten. Die Gesänge dringen durch alle Häute.

Im Rhythmus dieser Tempelgesänge eilen plötzlich vier weiß gekleidete Männer über die Kreuzung. Sie tragen auf einem leichten Gestell aus zusammengebundenen Bambusstäben einen Toten. Er ist in Tücher gehüllt und mit Bändern verschnürt. Deutlich kann ich den Kopf erkennen, die Schultern, die Beine. Nackt ragen die beiden Füße heraus. Dahinter die Trauergemeinde, auch sie im Laufschritt, fröhlich, wie mir scheint, die Kinder lachen, Papierblumen werden geworfen. Der kleine Zug verschwindet unter einem Torbogen. Ich gehe ihm nach.

Hinter dem Durchgang ein weiter Platz zwischen Gebäuden, die nur ihre fensterlose Rückseite zeigen. Auf zwanzig steinernen Rechtecken liegt Feuerholz gestapelt oder schwelt ein Ascherest. Vier Feuer lodern. Leichname krümmen sich in der Glut, als wollten sie aufspringen oder sich noch einmal umwenden. Der Tote, den ich eben auf der Trage sah, wird auf einen der Holzstapel gelegt. Lachend schmücken sich die Menschen, die ihn begleiten, gegenseitig mit Blumengirladen. Auch mir wird eine Kette übergehängt. Niemand weint. Nur ein paar Frauen im Hintergrund hocken still unter den Bäumen. Die Männer verteilen Süßigkeiten und Nüsse an die Kinder. Neben mir eine bunt bemalte Steingruppe: zwei Götter mit einer heiligen Kuh. Und wieder ein neuer Leichenzug, der auf den Verbrennungsplatz einbiegt, jetzt ein dritter.

Die Bahre vor mir wird gerade mit einem rosa Tuch überdeckt. Kleinere Holzstücke und dickere Stämme werden darübergeschichtet. Der Tote ist jetzt ganz vom Holz umhüllt. Eine Frau weint mit langgezogenen klagenden Lauten. Andere versuchen, sie zu trösten. Ein bärtiger alter Mann im gelben Turban streut weißes Pulver und schmiert weißes Fett über den Stapel. Alle stehen still. Ein kurzes Gebet. Der Rauch von anderen Verbrennungsplätzen zieht herüber und verhüllt fast die stumme Menschengruppe. Jetzt wird ein Bündel trockenes Holz angezündet und unter den Leichnam geschoben. Das Feuer lodert auf. Alle treten zurück. Kinder werden gestreichelt. Manche Gesichter sind jetzt abgewendet und mit einem Tuch verhüllt. Einer telefoniert. Die ersten Männer gehen. Andere warten noch auf ihre Frauen mit den Händen in den Hosentaschen. Ein paar Alte stehen um mich herum und fragen mich aus. „Wie heißt du? Woher kommst du? Liebst du Amritsar?“ Als stünden wir nicht auf einem Verbrennungsplatz, als sei all dies, was mich betroffen macht, nur ein alltägliches Ritual. Schulkinder übersetzen kichernd, was ich antworte.

Endlich kann ich dazwischenfragen: „So viele Tote. An einem Tag?

„Natürlich!“, sagt ein Alter und staunt über meine dumme Frage: „Es war doch eine kalte Nacht!“

R.G.D.& Son's

Kann das sein?

Der Chiromant am Fuß der Festung hat aus meinen Handlinien vier Kinder, die ich gezeugt haben soll, herausgelesen!

„Vier Kinder! Irrtum ausgeschlossen!“, stellt er kategorisch fest.

Er irre selten, sagt er, nie aber bei der Zahl der Kinder, das könne jeder an der schmalen Seite der Hand ablesen.

Ich müsse nachdenken! Mich ernsthaft prüfen!

Ich prüfe mich und sage: „Ich habe nur eine Tochter, soviel ich weiß.“

„Soviel du weißt! Du weißt nur wenig! Ich aber bin mir sicher, es sind vier Kinder!“

„Ich habe auch einen Sohn, der bei mir aufgewachsen ist, er ist mein Stiefsohn. Gilt der auch?“

Der Handleser schneuzt sich, überlegt einen Augenblick, betrachtet wieder meine Hand und sagt: „Ja, der gilt auch! Jetzt fehlen noch zwei!“

Natürlich, es könnte sein, in meiner Jugend, später ... Gesichter, Namen, Begegnungen fallen mir ein. Ein Tanz, eine Nacht.

„Deine unbekannten Kinder sind längst erwachsen. Haben schon eigene Kinder. Deine Enkel triffst du täglich auf der Straße!“

Ich lehne mich zurück.

Das ist Wahrsagen für indische Verhältnisse.

Der Chiromant weiß nicht, dass in Europa Familienangehörige nicht um die Ecke wohnen. Leider. Schon lange nicht mehr. Ich bin mir sicher, dass meine unbekannten Kinder nicht mit mir in einer Stadt leben.

Oder?

Vielleicht ist einer von ihnen ein Student, eine Studienrätin, vielleicht verkauft einer mir Salat auf dem Markt! Ich weiß nichts.

Mein Chiromant gähnt und reckt sich.

Ich fühle plötzlich, dass ich nicht mehr lange mitspielen will.

„Warum gähnst du? Bist du müde?“

Mein Ton klingt eine Spur zu aggressiv.

Plötzlich ist er hellwach: „Ich gähne, weil ich frische Kraft brauche für meinen Beruf: Handlesen, Hellsehen und Sexualberatung.

Das fordert den ganzen Menschen!“

Er sieht mir in die Augen.

Ich weiche seinem Blick aus und lasse die Schultern fallen.

„Wo sind deine Kinder?“, fragt er dunkel. „Siehst du sie, spürst du sie, bist du glücklich, dass du sie hast?“

Er hat mich gefangen! Er presst mich aus! Ich schleiche mich davon.

Ich rufe noch einmal zurück: „Du willst mich nur ärgern!“

Er hebt nur eine Schulter.

Klein-Bollywood

Am Bahnhof in Goregaon, wo die Vorortzüge von Mumbai halten, habe ich einen schon älteren Rikschafahrer angesprochen und gefragt, wie viel es bei ihm nach „Filmcity“ kostet, einer großen Produktionsstätte für Hindi-Filme am Rand eines Nationalparks im Norden der Stadt. Wir haben uns auf siebzig Rupien geeinigt. „Genehmigung?“, fragt er, und als ich ihn erstaunt anblicke, sagt er noch einmal langsam: „Haben Sie eine Genehmigung? Ohne Genehmigung kommen Sie da nicht rein!“

Ich habe keine Genehmigung.

Und er jetzt auch keinen Fahrgast mehr, der ihm siebzig Rupien zahlt!

Wir überlegen gemeinsam, was da zu machen sei. Es gibt, erfahre ich vom Fahrer, in „Filmcity“ mehrere Tore mit Wachmännern im Abstand von einigen hundert Metern, weil die Wege zu mehreren Produktionsorten führen. Es wird streng kontrolliert. „Nur bei bekannten Schauspielern oder Mitarbeitern ist das etwas anderes, die halten ihren Passierschein aus dem Rikscha und fahren durch!“ Wir beschließen, dass ich einen Mitarbeiter spiele, zum Star reicht es nicht ganz, und einen Ausweis aus dem Fenster halte. Meine Mitgliedskarte vom ADAC in Gold hält mein Fahrer für besonders geeignet. Mehr als zurückgeschickt zu werden kann uns eigentlich nicht passieren!

So ein Plan gefällt dem Rikschafahrer. Denn wenn es klappt, ist es gut, wenn es nicht gelingt, ist es auch in Ordnung. Ich bin es ja, der für die Fahrt bezahlt.

Es gibt über unser Abenteuer nichts weiter zu berichten als über freundlich grüßendes Wachpersonal, wenn mein Fahrer mit Karacho an den Kontrollstationen vorbeibrettert, mit ernster, würdevoller Miene, und ich den Ausweis mit herausgestrecktem Arm vorzeige und lächelnd den Kopf neige.

Nach einer guten halben Stunde sind wir im Herzen von „Filmcity" angekommen. Genau neben der Statue von Dadasaheb Phalke, dem Vater des indischen Kinos, setzt er mich ab.

Mein Fahrer findet uns beide richtig gut! Er will auch warten und aufpassen, dass mir nichts passiert, und mich natürlich wieder zurückfahren. Für siebzig Rupien. Aber wenn ich hier oben in den Bergen wirklich viele Stunden bleiben will, dann lohnt sich das Geschäft für ihn nicht. Herzlicher Abschied. Umarmung. Experiment geglückt!

Kleines Geheimnis

Dieses junge, außergewöhnlich hübsche schwarzhaarige Mädchen mit Zopf und Goldstaub auf den Schultern, das eine Reihe vor mir im Sammeltaxi sitzt, habe ich vielleicht etwas zu lange angestarrt, denn plötzlich fragt mich der junge Mann neben mir: „Sie gefällt dir? Sie ist achtzehn. Sie ist meine Frau." Er sagt das mit ein wenig Stolz in der Stimme. Ich schäme mich für meine Blicke. „Und das ist meine Mutter", setzt er freundlich lächelnd hinzu. Seine Mutter sitzt direkt vor mir. Sie bewegt den Kopf nicht. Das junge Mädchen neben ihr dreht sich aber zu uns zurück. Sie lacht. „Sie ist gerade achtzehn geworden", sagt mein Nachbar, als müsse er sich für ihr Lachen entschuldigen. „Ich bin vierundzwanzig". Ein leichter, selbstbewusster Unterton schwingt mit.

Die Schlaglöcher rütteln uns im Jeep durcheinander. Jeder versucht, sich irgendwo festzuhalten. Ich komme vom Kailash-Tempel in den Höhlen von Ellora. Die Bilder der aus den Felsen geschlagenen phantastischen Säulengänge, Hallen und Emporen, die ich den Tag über schweigend und irgendwie andächtig durchwandert habe, lassen mich nicht los. Das Relief von Lakshmi, der Göttin des Reichtums, die von zwei Elefanten rituell gereinigt wird, die anmutigen Nymphen, die Flussgöttinen – Ganga und Yamuna – verwirren noch meinen Kopf. Mein Nachbar aber will mich unterhalten: „Woher kommst du, wie heißt du, hast du Kinder?" Er fragt mich aus. Seine junge Ehefrau blickt jetzt nach vorne, legt aber ihren Kopf ein wenig zur Seite. Ich bilde mir ein, dass sie uns sehr genau zuhört.

Ich habe alle Fragen beantwortet, jetzt frage ich zurück: „Spricht deine Frau so gut Englisch wie du?"

„Nein", antwortet er, „sie versteht kein Englisch".

„Nichts?"

Er ist verlegen. „Jeder hier", erklärt er mir und spricht dabei langsam und deutlich, „jeder muss mehrere Dialekte verstehen und sprechen können. Deshalb können nicht alle auch noch Englisch lernen. Ich kann aber meiner Frau alles übersetzen."

Wieder hat die junge Frau sich umgedreht und sieht mich mit lustigen leuchtenden Augen an. Vielleicht versteht sie doch ein wenig mehr von dem, was wir so reden.

„Seid ihr schon lange verheiratet?", frage ich.

„Nein, erst seit zwei Wochen."

„Hat deine Mutter sie für dich ausgesucht?"

„Natürlich. Zusammen mit dem Vater. Sie ist doch schön, nicht? Ich habe Glück gehabt."

Das erst so fröhliche junge Mädchen ist blass geworden. Jetzt schießt ihr etwas Röte ins Gesicht. Sie blickt, wie ihre Schwiegermutter, streng geradeaus.

Ich glaube, dass sie alles verstanden hat. Sie versteht Englisch recht gut. Da bin ich mir sicher.

Ihr Mann und ich reden noch lange über Ehen, verheiratet sein in Europa und Indien. Ich erzähle, wie wir das halten mit Freundschaften, Verliebtsein und Liebe.

„Eine Liebesheirat? Für mich wäre das nichts", sagt er. „Warum auch? Meine Eltern wissen besser, was gut für mich ist", sagt er lässig. Die junge Frau schräg vor mir, sehr nachdenklich, legt ihren Kopf in den Nacken. Ich kann ihr Gesicht jetzt besser sehen. Sie hält die Augen geschlossen. Sie atmet tief aus. Der junge Ehemann plaudert weiter. Er hat nichts von dem bemerkt, was sich hier ohne Worte abspielt.

Als wir in Aurangabad in der Ghati Road aussteigen und uns voneinander verabschieden, reiche ich dem Ehemann die Hand, bei den Frauen traue ich mich nicht. Das wäre nach ungeschriebenen Gesetzen eine Provokation. Die schöne Ehefrau hebt aber zum Abschied leicht die Hand. Das ist fast eine Geste zuviel.

„Bring es ihr bei, das Englischsprechen", sage ich zum Ehemann leise.

Er antwortet fast übereifrig: „Natürlich! Natürlich! Aber eine Frau braucht das nicht unbedingt, ich kann ihr doch alles übersetzen."

Jetzt lacht die junge Ehefrau über das ganze Gesicht, so, dass ihre Schwiegermutter, die nichts von unserem Geplauder verstanden hat, ihr mit einem strengen Blick zu verstehen gibt: „Benimm dich bitte, wie es einer jungen Ehefrau geziemt!"

Kumari

Ich habe eine Göttin gesehen. Eine leibhaftige Göttin im Mittelfenster des kleinen Palastes im Zentrum von Kathmandu. Ihr hatte jemand ein drittes Auge auf die Stirn gemalt. Ihre Augenlider waren bis zu den Schläfen verlängert, ihre Lippen rot geschminkt. Sie trug eine Krone. Sie hat nicht gelächelt, sie hat nicht gewinkt, sie war einfach nur da. Für wenige Minuten. Sie blickte in den Innenhof hinunter zu den hundert Gläubigen und Touristen. Fotografieren verboten. Jetzt tritt sie in den Schatten zurück. Ich kaufe mir eine Postkarte. Darauf ist sie abgebildet. Sie sieht aus wie ein Kind.

Diese Kumari, „The Living Goddess", ist jetzt sieben Jahre alt. Als sie drei Jahre alt war, wurde sie ausgewählt. Aus einer Reihe von anderen Dreijährigen. Das Kind, das bei einem grausamen dämonischen Spektakel mit blutigen Köpfen frisch geopferter Büffel sehr gelassen reagiert, wird zur Kumari gekrönt. Phantastische Umzüge durch die Stadt, auf denen sie auf Wagen, umtanzt von maskierten Männern, gefahren wird, gehören zu ihren Ritualen als kindliche Göttin. Nur für wenige Jahre. Wenn sie zum ersten Mal menstruiert, ist ihre Karriere zu Ende. Jetzt gilt sie als unrein. Sie bekommt eine kleine Abfindung.

Acht Jahre eine Göttin, dann aussortiert. „Ein Mann, der eine Kumari heiraten will, wird früh sterben“, prophezeien die Priester.

Die Kumari – von Buddhisten ausgewählt, von Hindus verehrt, von Touristen begafft.

Als ich versuche, mit Menschen in Nepal darüber zu reden, was Religionen mit Kindern Schreckliches anstellen, und erzähle, dass ich die Kumari, die Göttin, gesehen habe, legen sie die Hände wie zum Gebet aneinander und verneigen sich vor mir.

Lilien vom Himalaja

Im Südosten von Sikkim, an einer alten Handelsroute nach Tibet, liegt auf eintausendneunhundert Meter Höhe Gangtok, die Hauptstadt eines der nördlichen indischen Bundesstaaten. Die Stadt schmiegt sich an die steilen Berghänge und sieht aus wie ein buntes weiches Tuch, das über die schroffen Felsen ausgebreitet liegt. Ich war schon im letzten Frühjahr hier als Gast bei einem Wettkampf von Bogenschützen aus Bhutan und stieß auf dem Rückweg bergab auf ein großes Gewächshaus. In diesem „Flower Show Complex" waren unzählige Orchideensorten und andere Pflanzen des Himalaja ausgestellt. Ein beliebter Ausflugsort für Großfamilien und Liebespaare, die sich vor der Farbenpracht fotografieren lassen.

Es gab auch zwei Läden, in denen es eine Fülle von Pflanzen, Samen und Blumenzwiebeln aus der Bergwelt Sikkims zu kaufen gab. Ich suchte mir ein paar Zwiebeln aus, ließ sie mir sorgfältig in Zeitungspapier einwickeln, weil ich sie, wie ich dem Verkäufer erzählte, meiner Frau in Europa als Geschenk aus der Ferne mitbringen wolle. „Ich hoffe nur, dass sie im deutschen Flachland, eintausendfünfhundert Meter tiefer, auch austreiben.“ Der Verkäufer lächelte und meinte, da sei er sich ganz sicher.

In diesem Jahr kam ich wieder an diesem Gewächshaus vorbei. Weil die indischen Lilien in unserem Garten so herrlich geblüht hatten und es für mich nicht so einfach ist, für meine Frau ein passendes Geschenk auszuwählen, ging ich noch einmal zum Blumenstand, um ein paar neue Zwiebeln mitzunehmen. In zwanzig Plastikkistchen, alle gleich in Farbe und Form, lagen die unterschiedlichen Angebote vor mir. Ich konnte mich erst nicht entscheiden, ob ich diese mitnehmen sollte oder jene. Eines der Kistchen nahm ich schließlich in die Hand, um auf dem Etikett zu sehen, in welcher Farbe diese kostbaren Lilien blühen.

„Lilium Oriental“, las ich da, „three hundred pieces. Grown in The Netherlands.“ – Gezüchtet in Holland!

Lügen

Immer, wenn in Indien jemand von mir wissen möchte, wie ich heiße, wie alt ich bin oder aus welchem Land ich stamme, ob ich verheiratet sei und Kinder habe – immer erzähle ich eine erfundene Wahrheit.

Früher habe ich geantwortet: „Ja, ich bin verheiratet und habe Kinder." Sofort wurde zurückgefragt: „Und wo ist deine Frau?"

„Zu Hause!" – „Wer passt auf sie auf?"

Wenn ich wahrheitsgemäß antwortete: „Niemand", dann drehte sich das Gespräch in der nächsten Stunde nur darum, dass dies nicht möglich sei, dass ich das ändern müsse, was alles passieren könne, warum meine Brüder nicht auf sie aufpassen, ein Onkel, ein Neffe oder mindestens mein Sohn.

Ich sage deshalb, weil ich etwas dazugelernt habe: „Ja, ich bin verheiratet, meine Frau ist in London, hütet ein Enkelkind und mein Schwiegersohn passt auf sie auf. Sie ist glücklich und sie ist sicher."

Ich vermute, dass viele Geschichten, die mir Inder in Bussen und Bahnen über sich erzählen, auch nicht die wirklichen Verhältnisse spiegeln. Das ist wie in Europa. Ein

Bericht über ein angenehmes Leben ohne Katastrophen hört jeder lieber als die alltägliche, traurige Wahrheit.

Andere Lügen, die ich auftische, könnten helfen, ein paar Magenprobleme zu vermeiden. Ich bekomme von Mitreisenden immer etwas zu trinken angeboten: aus Flaschen, Thermoskannen oder auch aus ausgewaschenen Ölkanistern. Ich weiß nicht, ob die Behälter sauber waren, als sie gefüllt wurden, ob das Teewasser gekocht wurde oder nur lauwarm eingegossen ist. Ich weiß nie, ob mein europäischer Magen das Getränk verträgt.

Anfangs, als ich noch die Wahrheit sagte, waren meine Mitreisenden über meine ständige Abwehr, von ihnen etwas zum Trinken anzunehmen, erstaunt, oft auch ungehalten. Warum lehnt dieser arrogante Europäer unsere gut gekühlten Tees und Fruchtsäfte ab?

Wenn ich zur Begründung etwas von Viren und Bakterien erzählte, die sich eingeschlichen haben könnten, dann wurde herzlich gelacht.

Lächerlich! Viren, Bakterien – die gibt's doch nicht! Wer krank ist, dessen Körpersäfte und Lebensenergien, Vata, Pitta und Kapha, sind nicht im Gleichgewicht. Das ist ayurvedische Gesundheitslehre.

Weil ich auch diese Diskussion nicht führen möchte, sage ich schlicht: „Mein Glaube verbietet mir, vor Sonnenuntergang oder vor Sonnenaufgang etwas anderes zu trinken als reines Wasser."

Das wird sofort akzeptiert.

Man kann es ja mal versuchen

Heute früh traf ich in den Markthallen einen netten Mann, der mich ansprach. Wir unterhielten uns freundlich. Dann fragte er plötzlich: „Erinnerst du dich nicht an mich?" Ich habe keine Ahnung, wer er sein könnte. „Ich bin doch der aus dem Hotel!" Ich entschuldige mich. So vielen Menschen bin ich hier begegnet, alle Gesichter kann ich mir nicht merken! Ich ärgere mich über meine Vergesslichkeit. Er meint: „Das macht ja nichts! Wie gefällt dir mein Hotel?" Ich sage ihm, wie gerne ich da wohne, so nahe am Meer!

Er freut sich über das Lob und meint, dass ich eine gute Wahl getroffen hätte. Dort drüben läge übrigens sein Gewürzladen. Zumindest das Schaufenster sollte ich mir doch ansehen. Er führt mich dann doch in sein Geschäft hinein. Ich muss an seinen Gewürzen riechen, sie in der Hand zerreiben, sie auf der Zunge zergehen lassen. Er möchte, dass ich ein paar Tütchen kaufe, für meine Freunde in Europa. Ich könnte ihnen dann von meinem neuen Freund aus Negombo erzählen. Ich will keine Gewürztüten durchs Land schleppen! Ich sage ihm das. Jetzt möchte er, dass ich, wenn ich schon keine Gewürze kaufe, Milchpulver für seine Kinder spendiere. „Milchpulver", meint er, „Milchpulver ist viel gesünder als Bonbons! Und das Milchpulver musst du auch nicht mit dir herumschleppen." Er lacht. „Alle meine Freunde schenken meinen Kindern Milchpulver." Ich habe einen Augenblick überlegt, ein kleines Päckchen zu erstehen, um meinen neuen Freund endlich loszuwerden. Der Preis für das Milchpulver, das er anbietet, ist aber so hoch, dass ich höflich aber bestimmt sein Angebot ablehne. Jetzt will er mit mir ein Bier trinken gehen. Er kenne da eine versteckte nette Kneipe. Es ist neun Uhr am Vormittag. Kein Bier! Mit seiner Rikscha will er mich durch die Stadt fahren, kostet nur ein paar Rupien! Ob ich nicht mit ihm zu netten Frauen ... Er wisse, was Europäer so mögen ...

Mir wird langsam klar, dass ich meinen neuen Freund noch nie gesehen habe. Weder in seinem Hotel noch sonstwo. Ich bin nicht vergesslich, ich bin nur einem kleinen Trick aufgesessen. Er hat mich an die Angel genommen!

„Wie viele Zimmer hat dein Hotel?", frage ich plötzlich. Er stutzt, sagt „sieben", nein, „zehn". Ich sehe ihn schräg an. „In dem Hotel, in dem ich wohne, gibt es nur fünf Zimmer!" Er lacht. Nicht verlegen. Richtig herzlich! „Was macht das", sagt er, „das kann doch an unserer Freundschaft nichts ändern. Oder?" Er umarmt mich, wünscht mir noch einen schönen Vormittag. „Auf bald, in meinem Gewürzladen!" Und winkt und geht.

Permit

In Chittagong, an der Südostküste von Bangladesch, habe ich mir gestern von der zuständigen Behörde einen Erlaubnisschein ausstellen lassen, um ins militärische Sperrgebiet in den Bergen um Bandarban und Raggamati an der Grenze zu Myanmar reisen zu dürfen.

Es war eine umständliche Prozedur und dauerte viele Stunden.

Alle Ausländer brauchen so ein Permit. Die Einheimischen nicht.

Heute früh sitze ich im Bus, zufällig in der letzten Reihe, und komme mit meinem Nachbarn, einem jungen Geschäftsmann aus der Gegend, ins Gespräch.

„Gleich kommt die Kontrollstelle", sagt er plötzlich und unterbricht seine Erzählung über Obst und Gemüse, „das wird wieder Stunden dauern!"

Ich verstehe das nicht. Ich bin der einzige Ausländer im Bus.

Mein Permit zu prüfen, kann doch nicht lange dauern.

„Doch", antwortet er. „Erst wirst du aus dem Bus geholt, dann stehst du in der Wachhütte – lange –, deine Personalien werden geprüft und dann wird telefoniert und abgeklärt, ob dein Permit heute gültig ist. Das dauert! Ein bisschen wollen die Herrn Soldaten schon zeigen, wie wichtig sie sind."

„Wie wird denn kontrolliert, ob Ausländer im Bus sind?", frage ich zurück.

„Ein Soldat steigt vorne ein und sieht sich die Gesichter an, andere gehen um den Bus herum und sehen dich durch die Scheiben."

Der Bus fährt jetzt langsamer. Dort vorne ist die Kontrollstelle. Ich beuge mich vor und ziehe meine Schuhe aus. Ich höre Geräusche: Das Öffnen der Bustür – Gerede und Rufe –, das Schließen der Bustür. Ich ziehe meine Schuhe wieder an und schnüre sie sorgfältig zu.

Der Bus fährt an.

Mein Nachbar lacht, als ich mich wieder aufrichte.

„Du könntest ein Bangladeschi sein", sagt er.

Ich finde, das ist ein Kompliment.

Schöne alte Haut

Eine Taube putzt sich. Zwei Streifenhörnchen klettern über die äußere Tempelwand. Sie jagen sich und springen von Relief zu Relief, hocken auf Balustraden, Absätzen, jetzt auf einem kleinen Elefanten, der mit seinem Rüssel einen Baum umschlingt.

Die Türen des Tempels in Jaisalmer sind geschlossen. Die Kupferbeschläge haben Grünspan angesetzt. Meine Schuhe stehen noch immer dort, wo ich sie vor vielen Stunden abgestellt habe.

Auf einem Tisch, auf dem täglich frisches Obst verkauft wird, sitze ich, dem Tempel gegenüber. Jetzt in der Mittagszeit handelt niemand. Bis fünf Uhr ist für Menschen in Jaisalmer Ruhezeit.

Ich sitze auf dieser Tischplatte mit untergeschlagenen Beinen, wie auf einem schwankenden fliegenden Teppich und beobachte staunend, was um mich herum geschieht.

Der Antiquitätenhändler staubt seine Kunstschätze ab, die Kästchen und Truhen, die Holzelefanten und Löwenmasken, die Ganeshfiguren, tanzenden Göttinnen, Engel, Vasen und Pfauen, Kamele, Pferde und Schwäne. Ein hölzerner grüner Papagei auf einer Schaukel, Glöckchen und große geweihte Glocken, Amulette und Armreifen. Mir gegenüber ein paar Dutzend alter Druckstöcke für Stoffe, die an der Mauer zum Verkauf aushängen. Schöne Blusen für Frauen, locker geschnitten. Am Strommast ein paar verwelkte Blätter, ein Jutesack unter dem Tisch, auf dem ich sitze.

Ich bin wunschlos: nicht müde, nicht wach, nicht getrieben, nicht gezogen. Ich sitze einfach nur auf einem Tisch im Schatten einer Mauer, blicke auf die Astlöcher im Holz, die so komische Augen machen, und die Rillen und Runzeln, die fast eine Stirn sein könnten. Die gemusterten rostigen Nagelköpfe sind zwei Nasenlöcher. Noch etwas Kindheit und Phantasie, die aufblitzt. Etwas „sich fallen lassen", ohne zu ahnen, wohin!

Auf der Fläche des Tisches ein paar Fettflecke, Ölspuren, etwas rosa Farbe. Viel Abgeschliffenes, Abgegriffenes, Abgesessenes. Wie eine schöne alte Haut mit Spuren eines langen Lebens.

Eine winzige Spur werde auch ich hinterlassen!

Selbstverständlich

In Indien tun es auch die Männer: Ein Kind aus dem engen Gedränge im Mittelgang des Busses fischen und auf ihren Schoß setzen. Das Kind atmet wieder bessere, frischere Luft und schläft sofort ein. Es fremdelt nicht. Für Männer ist das Kinderfischen ganz selbstverständlich. Für Frauen sowieso.

Er muss auf den Einstiegsstufen stehen und schwankt mit seiner schweren Last vor und zurück, der Kunstblumenverkäufer, der mit fünf mächtigen Bündeln in den überfüllten Bus gestiegen ist. Er hat keine Hand frei, um sich festzuhalten. Dem Priester neben mir drückt er wie selbstverständlich einen Strauß in die Hand. Der Ordensmann hält ihn lässig, lächelt und riecht an den Kunstblütenblättern. Eine alte Frau trägt jetzt ein Bündel rotgelber Tagetes auf ihrem Schoß und freut sich, ein junges Mädchen hält violetten Akanthus im Arm.

Fünfzig Kilometer später sammelt der Händler seine Sträuße wieder ein, grüßt dankend und steigt aus.

Männer hocken auf dem Platz, um den sich der Kreisverkehr einer Ausfallstraße windet, auf einem graugrünen Grasfleck. Sie lehnen sich mit dem Rücken an ein Gitter, das eine künstliche Palme umgibt. Einem der Männer hängt ein Riemen mit vielen Schlüsseln über der Schulter, einem anderen ragt eine Säge aus der Umhängetasche, der dritte hat Pinsel in einem Plastikeimer vor sich stehen. Mietarbeiter sind das, die schon seit den frühen Morgenstunden auf einen Job warten. Als ich am Nachmittag noch einmal vorbeikomme, hocken die meisten immer noch da. Nichts haben sie heute verdient. Ein Tomatenverkäufer schiebt seinen fast leeren Karren, auf dem nur noch zwanzig verhutzelte und angequetschte Früchte liegen, vorbei. Jetzt hält er an und sagt etwas zu den Arbeitern. Ich kann nichts verstehen. Die Leute treten an den fahrenden Verkaufstisch heran und nehmen sich, was sie greifen können. Keine Tomate bleibt übrig. Der Verkäufer fegt ein paar Rispen von der Fläche und schiebt seine Karre weiter.

Selbstverständlich wird jeder dich grüßen, der mit dir auf den Tempelberg steigt oder beim Abstieg entgegenkommt. Er wird dich anlächeln oder zurücklächeln oder die Hände vor dem Gesicht zum Gruß zusammenlegen. Du wirst lächeln und zurückgrüßen und dies wieder und immer wieder. Dieses Lächeln wirst du erst vermissen, wenn du zurück bist in Europa.

Seta

Seit drei Stunden schon trottet die alte, an der Hinterhand verletzte Hündin mit mir durch das nepalesische Pokhara. Am Ufer des Phewa-Sees begleitet sie mich, auf dem Sandweg neben dem kleinen Flughafen, zwischen den klapprigen, bunt bemalten Bussen auf dem chaotischen Busbahnhof winden wir uns hindurch, wir begegnen einem Obstverkäufer, der neue Waren an einer Rampe abholt. Die Hündin schnüffelt, ich rede mit dem Händler und lerne einiges über nepalesische Verkaufsstrategien. Den Fluss Seti hören wir rechts von uns durch Schluchten stürzen und treffen endlich auf einen Park. Er ist mit Maschendraht eingezäunt. Der Wachmann lässt die Hündin nicht mit mir hinein. Kaum aber bin ich auf eine Anhöhe mit einem kleinen Tempel gestiegen, steht sie wieder hinter mir. Irgendwo muss es ein Schlupfloch geben. Jetzt schläft das räudige Tier neben mir im Schatten alter Bäume. Will sie mich den ganzen Tag begleiten? Wird sie nach Hause zurückfinden? Ist es nicht besser, wenn ich mich heimlich davonschleiche? Wird sie es sofort bemerken? Gerade als ich mich entschlossen habe, leise zu gehen, öffnet sie ein Auge und sieht mich an. Schon hebt sie den Kopf und wedelt mit dem buschigen Schwanz. Als ich das Parkgelände verlasse, grüßt der Parkwächter freundlich. Die Hündin ist irgendwo durch ihr Loch zurückgekrochen.

Wir steigen jetzt gemeinsam auf einem abschüssigen Weg in das breite Flussbett hinunter. Irgendwie gehören wir schon zusammen.

Der Seti windet sich hier in vielen Stromschnellen und schmalen Rinnsalen im breiten Tal. Überall wird Kies, grober Sand und dunkel silbrig glänzender feiner Sandstaub aus Wasserlöchern gegraben, gesiebt und in Säcke geschaufelt. Die Frauen und Männer stehen bis zu den Hüften im Wasser. Sie sehen uns kommen. Ein Geschrei! Die Hündin soll mit lauten Rufen und Wasserspritzern vertrieben werden. Warum? Stört das Tier jemand? Die Hündin trottet ruhig hinter mir her, säuft ein wenig vom Flusswasser und lässt sich nicht vertreiben.

Ein paar hundert Schritte flussaufwärts stehe ich plötzlich vor einer Gruppe von ernst blickenden Männern in feierlichen Gewändern. Als sie meine Hündin sehen, bückt sich jeder nach einem Stein. Ein Hagel von schweren Flusskieseln trifft das Tier.

Es jault laut auf, jagt wild über das Kiesfeld, rutscht aus, fällt ins Wasser und springt wieder auf. Immer mehr Steinbrocken fliegen auf Kopf und Rücken und verletzen die Hündin. Sie rettet sich hinkend mit blutigen Flecken in ein dichtes Gesträuch.

Ich gehe wütend auf die Männer zu, die jetzt wieder ruhig und schweigend dastehen.

Ich will sie zur Rede stellen. Plötzlich sehe ich am Ufer, in Tücher gehüllt, eine menschliche Gestalt auf einer Bahre. Die nackten Füße werden vom Flusswasser überspült. Ein Ritual für einen Verstorbenen. Daneben ist ein Scheiterhaufen aufgerichtet. Ein Verbrennungsplatz. Ein heiliger Ort, den Hunde, die als unrein gelten, nie betreten dürfen. Ich stehe schweigend da, die Männer mir gegenüber. Ich hätte mit einem Hund nicht hierher kommen dürfen. Mit einer unbeholfenen Geste bitte ich um Verzeihung. Die Männer nicken, grüßen zurück und heben die Bahre aus dem Wasser.

Meine Hündin suche ich flussabwärts im trockenen Flussbett. Sie ist verletzt. Sie tut mir leid.

Ich will sie Seta nennen, nach dem Fluss Seti, der sich dort unten, wo Seta verschwunden ist, wie ein junger Styx in einer dunklen, verschatteten Klamm zusammenzieht und in hohen Wellen wild um sich schlägt.

Ship Breaking

Bis in die Mitte des 20. Jahrhunderts wurden ausgediente Ozeanriesen in ihren Heimathäfen entsorgt. Heute sind es Entwicklungsländer, Pakistan, Indien oder Bangladesch, die diese Drecksarbeit für den Rest der Welt erledigen. Die Arbeitslöhne sind niedrig, die Gesundheitskontrollen lasch. Ob bleihaltige Farben von den Rumpfplatten abgeflammt oder die mit Asbest verseuchten Wände aufgeschnitten werden – erst in den 80er Jahren wurde Asbest in der westlichen Welt im Schiffsbau verboten –, hier arbeiten Menschen ohne Schutzkleidung und tragen keine Atemmasken. Mit nackten Füßen stehen sie auf den Decks der Schiffe und zerschneiden mit Schweißbrennern den Stahl.

Natürlich wird der Boden der Küstenregionen, wo die Schiffe auf den Strand gesetzt werden, mit Altöl und allen Arten von Schwermetallen verseucht. Flora und Fauna sterben ab, Ship Breaking verpestet in weitem Umkreis das Meer. Fischschwärme, die noch in die Netze der Uferbewohner geraten, sind mit Schwermetallen stark belastet. Aber wer fragt schon auf dem Markt, was dieser Fisch gefressen hat.

In Alang an der Küste des indischen Bundesstaates Gujarat im Golf von Cambay habe ich vor Jahren versucht, die Arbeitsbedingungen der Arbeiter kennenzulernen. Ich wurde ständig kontrolliert, zurückgewiesen und konnte nicht bis zu den Schiffswracks durchkommen. Greenpeace-Aktivisten waren geschickter und haben sich, als Stahlaufkäufer getarnt, Zutritt verschafft. Mit versteckter Kamera wurden dort Filme gedreht, die ich kenne.

Greenpeace protestiert gegen diese brutale Umweltverschmutzung laut und immer häufiger. Das Ergebnis: Touristen und Journalisten ist es verboten, die Ship Breaking-Küstenstreifen zu besuchen. Was hat sich sonst geändert? Nichts.

Heute sehe ich aus dem Busfenster auf der Fahrt von Chittagong nach Sitakunda an der südlichen Westküste von Bangladesch hinter einem Wäldchen Schornsteine von Ozeanlinern. Dort liegt das Sperrgebiet, die „Kreuzfahrtschiff- und Supertanker-Abwrack-Küste".

Als ich mittags in Sitakunda vom hohen Tempelberg über die Uferstreifen sehe, gehen mir die Ship Breaking-Bilder der Greenpeace-Filme nicht aus dem Kopf.

Am späten Nachmittag, wieder im Tal, frage ich einen alten Motorrikschafahrer, ob er mich irgendwie auf Schleichwegen zu den Abwrackplätzen bringen könne. „No problem", sagt ein junger Mann in blauem Hemd, der sich einmischt, bevor der Fahrer antworten kann. Wir verabreden eine Bezahlung von zweihundert Taka, das sind etwa zehn Euro, für die Fahrt und die Begleitung.

Über eine Stunde tuckern wir auf schmalen Feldwegen durch Dörfer, über flache Holzbrücken und an Wasserläufen entlang. Der junge Mann in Blau, er ist arbeitslos wie viele hier, beschreibt in plastischen Bildern die Gefahr, der sich die Arbeiter aussetzen, die diese Schiffe auseinanderbrechen – mit Sprengstoff!

Ich höre ihm zu, sehe aber zugleich um mich herum ein Paradies: die grün umrandeten Wasserstellen, die Büffel, halb abgetaucht, Hühner, Kühe, Ziegen und die windschiefen Palmblatthütten. Nachts sei es hier gefährlich für Touristen. „Zu viele arme Leute", sagt der Mann im blauen Hemd. Plötzlich wird mir bewusst, das ich bei dieser Fahrt auch in eine Falle laufen könnte. Irgendwo grüßt er seinen kleinen Sohn, einen Neffen. Verwandte habe er hier überall.

Ich glaube immer weniger von dem, was er mir erzählt.

Die Straße wird schlechter. Die Rikscha schwankt, fällt fast in ein Wasserloch.

Nach einer Stunde halten wir an einer Bude, an der Saft ausgeschenkt wird. Der Fahrer will hier warten.

Der Mann in Blau geht mit mir über Felder, über eine Brücke aus Wurzelholz und über Urwaldwege. Eine Stunde lang oder mehr. Ich achte darauf, dass er mir immer ein paar Schritte vorausgeht. Ich traue ihm nicht. Welch eine vielfarbige Landschaft. Ein Paradies mit Baumruinen und Gräserpolstern.

Hier ist Überschwemmungsgebiet, das alles Lebendige so merkwürdig grau und rotbraun einschlemmt.

Endlich sind wir am Meer. Zwei Fischerboote liegen am Ufer.

Immer noch erzählt mir mein Freund vom Ship Breaking.

Erst als ich ihn ernst ansehe, verstummt er.

„Wo sind die Schiffe?“, frage ich etwas lauter, als dies nötig gewesen wäre.

„Da sind doch zwei“, sagt er schüchtern und lächelt.

Er erklärt mir umständlich, dass die weite Fahrt zu den Wracks an diesem Abend nicht möglich gewesen sei. Es wird bald dunkel.

Er habe mir stattdessen etwas Schönes zeigen wollen. Schön sei es doch hier. Oder?

Schweigend fahren wir zurück. Ich denke über mich nach:

Was wollte ich sehen? Warum? Was habe ich gesehen?

Als wir zwei Stunden später auf die Landstraße neben der Bushaltestelle nach Chittagong einbiegen, gebe ich meinem Begleiter den verabredeten Lohn. Er will ihn erst nicht nehmen.

„Danke“, sage ich zu ihm, „ich habe heute viel von dir gelernt.“

Auf der Fahrt im Nachtbus nach Chittagong sehe ich neben der Straße, die jetzt näher am Ufer entlangführt, im trüben Licht vereinzelter Lampen riesige Lagerplätze der Altwarenhändler: mächtige Motorblöcke, Getriebe, armbreite Ketten und Rohre tauchen aus dem Dunkel auf, Pumpen, gewendelte Treppen und verrostete Geländer. Alles aus den Kombüsen wird angepriesen: Teller, Töpfe, Kellen und Fleischmesser. Was aus den Schiffswracks mühsam herausgeholt wurde, stapelt sich hier: von der Stahltrosse über das Positionslicht bis zum Wimpel.

Ich könnte morgen noch einmal versuchen, die Ship Breaking-Teams bei ihrer Arbeit zu beobachten. Oder ich gehe zurück zum Fluss mit den Wasserbüffeln, die bis zum Hals im Wasser knien.

Sieben Ziegen

Nach Kalighat, dem Tempel der schwarzen Göttin im Süden der Stadt, will ich zu Fuß gehen. Sieben Kilometer quer durch Kolkata, der Mega-Metropole am Golf von Bengalen. Warum ich gerade heute durch den chaotischen Verkehr am Donnerstagnachmittag laufen will, das weiß ich nicht. Es ist heiß und stickig zwischen den Häuserblocks. Vielleicht, weil ich mich behutsam dieser Wallfahrtsstätte nähern möchte. Ich habe Seltsames gehört, gestern erst von zwei Peruanern, die mir von Schreien erzählten, von wildem Gedränge und blutigen Steinen.

„Alte Leute", meint der Manager meines kleinen Hotels, als ich ihn über den Stadtteil ausfrage, „alte Leute pilgern nach Kalighat, weil sie in der Nähe des Tempels an einer heiligen Furt sterben wollen." Er lacht mich an: „So alt bist du doch noch nicht!" Ich lache zurück. Mir muss dieses Lachen, das merkt er sofort, nicht so recht geglückt sein. Er überspielt seinen Scherz und sagt ernst: „Vor vielen tausend Jahren, als der Ganges dort noch vorbeifloss, entdeckte ein frommer Mann am Ufer einen leuchtenden Stein: das Gesicht von Kali mit den drei Augen."

Ich spüre eine unbestimmte Furcht vor der Begegnung mit dieser Göttin, über die ich gelesen habe, dass ihr ein totes Kind vom Ohr herabhängt und sie in ihren Händen eine drohend erhobene Sichel und eine Blutschale trägt. Ein Schakalweibchen ist ihr Begleittier. Sie wird angebetet, weil sie alles zerstört, um Neues entstehen zu lassen. Sie ist der Zorn, der aus der Stirn springt und das Weltall mit schrecklichem Brüllen füllt. Kolkata, diesen Moloch von Stadt, liebt sie: Nach Kali ist sie benannt und Kali, die schwarze Göttin, ist ihre Schutzpatronin!

Auf meinem Fußmarsch: Busbahnhöfe, Parks, ein Planetarium, St. Pauls Cathedral, Slums. Nach über drei Stunden ein Gewirr von Bordellgassen: erbärmliche, grell herausgeputzte junge Frauen, halbe Kinder in farbigen Saris mit schreiend rot bemalten Lippen und merkwürdig traurig lächelnden Augen. Sie stehen in den schmalen Spalten zwischen den Hütten und Häusern, durch die auch das Abwasser fließt. Ich rieche ihre schweren süßlichen Moschusparfüms, einen Duft, der sich mit dem der Kloake mischt.

Näher am Tempel hocken Hunderte von Bettlern: ausgestreckte Hände mit verkrüppelten Fingern, Beinstümpfe und zernarbte Gesichter.

Ich gebe meine Sandalen dem Schuhwächter zur Aufbewahrung und trete in den Tempel ein.

Gedränge gleich hinter dem Portal. Plötzlich bin ich zwischen Menschenmassen eingekeilt. Ölschleim spüre ich unter meinen nackten Füßen, sehe Blutspuren und gelbe Blüten. Ein Gewirr von strengen Gerüchen – ich will sie nicht einatmen –, aber sie wirken wie eine Droge. Ich lasse mich drücken und schieben durch Tempelhallen, Gewölbe und Grüfte. Im Dunkeln Feuer, Figuren mit langen, schweren Schatten, in Öl gesalbte und mit roten Hibiskusblüten geschmückte Götter, Menschen und Tiere. Endlich wieder in den Tempelhof hinausgepresst, rette ich mich aus dieser Masse Mensch, in der ich wie verklebt war, auf einen kleinen Mauervorsprung. Hier lässt es sich freier atmen.

Ich sitze und lehne mich erschöpft zurück gegen die Außenwand des Tempels. Sie ist brennend heiß, aufgeheizt von der Nachmittagssonne. Ich beuge mich wieder nach vorne. Mein Rücken tut mir weh. Zu viele schwarze Bilder, Gerüche und Töne.

Der Bericht der beiden Peruaner geht mir nicht aus dem Kopf. Sie erzählten vom Tempel der schwarzen Kali und im selben Atemzug von „Juanita“, der schwarzen Mumie eines Inkamädchens, das Forscher in ihrer Heimat in den Anden gefunden haben. Die „Jungfrau aus dem Eis“, sagten sie, sei eine junge Frau gewesen, die vor über fünfhundert Jahren von Priestern geopfert wurde. Ich denke an die schwarze Madonna von Einsiedeln, von Czenstochau und an Unsere Liebe Frau von Montserrat. Schleppt jede Religion ihre schwarzen Heiligen mit sich herum?

Schräg unter mir ein abgeteilter Bereich. Gitter an drei Seiten. Dahinter die Gläubigen dicht gedrängt. In der freien

Mitte gestampfter Lehm, schwarz und rot verfärbt. Zwei Holzpfähle stecken in der Erde. Darunter ein gemauertes Quadrat mit Blutrinne. Junge Ziegen werden an der offenen Seite herangeführt.

Sie wehren sich, schreien! Man zerrt sie an Stricken, zieht sie an den Beinen, schiebt und schlägt. Dem ersten Zicklein wird der Hals zwischen die Pfähle gedrückt und mit einem eisernen Spieß fixiert. Ein heiliger Schlächter schlägt dem schreienden und um sich schlagenden Tier den Kopf ab. Der Körper bäumt sich auf, fällt dann zusammen. Warmes Blut spritzt aus der Halsschlagader. Ein Priester fängt es in einer Schale auf. Hunderte von Händen strecken sich durch die Gitter, tauchen die Zeigefinger in das dampfende Blut und tupfen sich einen Punkt auf die Stirn.

Zwei kleine Mädchen in weißen Kleidchen – ihre Eltern haben vermutlich die Ziege gestiftet – dürfen innerhalb des Gitters ihre Finger in das Blut direkt am Hals des toten Tieres tauchen. Sie lachen, freuen sich über ihre blutigen Fingerspitzen und den Tupfer auf ihrer Stirn.

Der Kadaver wird zur Seite gezogen und die nächste Ziege herangeführt. Sie lässt vor Angst Kot fallen. Ich habe mir jetzt die Hände über die Ohren gelegt und höre die Schreie doch, ich halte die Augen halb geschlossen und sehe, wie das schwere gebogene Messer geschwungen wird und niederfällt. Ich rieche und schmecke das beißende Gemisch aus Schweiß, Blut und Kot. Ich will nur weg hier, aber ich kann nicht hinunter in diesen Kessel aus drängelnden und sich stoßenden Menschenleibern! Ich muss, wie ein Säulenheiliger, ausharren auf meinem Mauerstück.

Sieben Ziegen werden geopfert. Jetzt endlich sind die Kadaver abgeräumt. Drüben werden sie an ihren Hinterbeinen an Pfosten gebunden und das Fleisch aus der Haut gelöst. Stinkende Gekrösehaufen glänzen in der Sonne.

Hier, zwischen den Opfergittern, drängen sich jetzt die Gläubigen. Laut schwatzen sie miteinander, fröhlich, als seien sie auf einem heiteren Fest! Manche stecken lachend ihre Köpfe zwischen die Opferbalken. Ihre Hälse färben sich an beiden Seiten blutig rot.

Später spielen Kinder im Tempelhof Fangen, die Menge hat sich verlaufen. Nur noch ein paar halbnackte Priester stehen da und Verkäufer von Süßigkeiten, Kokosnussstücken und Schokolade.

Ich bin wie benommen, bewege mich kaum, reagiere erst, als mir ein Priester freundlich zuwinkt. Ich winke zurück. Die Sonne knallt mir auf die Stirn. Ich habe vergessen, meinen Hut aufzusetzen. Sonst vergesse ich das nie!

Der Tempelhof mit Mauern aus Ziegeln und Mörtel liegt jetzt sehr friedlich in der Abendröte. Ich steige mühsam von meiner Mauer. Ich bin schwindelig im Kopf und muss auch das Blut in den Beinen erst wieder in Bewegung bringen. Ich hocke mich in den Schatten einer Arkade, die Knie tun mir weh, ich stehe schwerfällig auf, schwanke und hocke mich wieder hin. Wie ein alter Mann. Ich versuche mich zu orientieren. Dort hinten bei den Schuhbewachern liegen meine Sandalen. Da unten, im Gewölbe, steht das Bild der Göttin mit den großen Augen und der herausgestreckten blutigen Zunge. Ich rieche geronnenes Blut, das in der Sonne trocknet. Mein Kopf ist schwer. Meine Arme kann ich kaum heben. „Stell dich nicht so an!", hätte meine Mutter gesagt.

Warum erschrecken mich sieben geköpfte Ziegen?

An den halb erwachsenen Mädchen mit ihren rot geschminkten Lippen bin ich locker vorbeigegangen. Die Bettler haben mich kalt gelassen. Einem habe ich zehn Rupien geschenkt. Lächerlich.

„Wer hier die Not täglich mitleidet, der hat verloren", sagte mir ein indischer Freund. Tue ich das schon?

Vielleicht waren es die Schreie der Tiere, die mich erschreckt haben. Schreie von Ziegen, die das Blut ihrer Opfergefährten lange riechen, bevor sie an der Reihe sind.

Vielleicht war es aber das Bild von den zwei kleinen Mädchen, die so selbstverständlich ihre winzigen Finger in das warme Blut tauchten.

Ein junger, magerer, weiß gekleideter Tempelführer hat sich neben mich auf die Stufe gehockt und erzählt mir leiernd, wie ein endloses Gebet, über Rituale zu Ehren der Göttin und über die Geschichte des Tempels. Ich behalte wenig von dem, was er sagt, nur dass es Shiva, der Herr des Universums, war, der in eine göttliche Raserei verfiel, als seine Frau starb. Er begann mit dem Leichnam zu tanzen. Die ganze Welt wurde erschüttert. Die anderen Götter versuchten ihn zu bändigen, bis Vishnu, der Alldurchdringende, endlich seinen Sonnendiskus schleuderte und den Leib der Tänzerin in einundfünfzig Teile zerriss.

„An jedem Ort", sagt der Führer und senkt seine Stimme, „an jeder Stelle, an der ein Teil ihres Körpers zu Boden fiel, steht jetzt in Indien ein Tempel. Hier, auf diesen Platz, ist ihr kleiner Zeh gefallen!"

Ich sitze und habe meinen Kopf in die Hände gestützt.

„Kali trägt ein drittes Auge auf der Stirn, hat um die Hüfte eine Kette aus abgeschlagenen Armen geschlungen, um ihren Hals ein Band, an dem Schädel baumeln. Sie ist die mächtige Göttinmutter, die Herrscherin über den Tod und über das, was neu entsteht."

Es schreit in meinen Ohren, obwohl er nur flüstert. „Kali ist Kala: die Zeit. Und diese Zeit vernichtet und verschlingt alles. Wer sich Kali anvertraut, macht sich keine Illusionen mehr, er blickt furchtlos in die Zukunft! Wie wir alle, die an sie glauben! Wir sind stark! Wir sind mutig! Uns kann keiner besiegen!" Seine Stimme überschlägt sich.

Er nimmt den Zwanzig-Rupienschein, den ich ihm reiche, bedankt sich und fordert noch einen zweiten. Er will mir die Gegend zeigen, mit mir zu anderen schwarzen Kalis am Flussufer gehen, er will mich zum Haus von Mutter Teresa führen, gleich nebenan, dem Hort für Arme und Sterbende. Und natürlich zu den Frauen, er kennt da ganz saubere. Nicht die gewöhnlichen, die oft krank sind und krank bleiben, bis sie sterben. Ich gebe ihm noch einmal zwanzig Rupien.

„Such dir einen anderen, den du herumführen kannst", sage ich, „ich bin jetzt nicht in der Stimmung!"

Er steht auf, sieht mich ernst an und sagt: „Du könntest auch so stark sein wie wir, wenn du nur wolltest!"

Staatenlos

Auf den letzten Kilometern zum Camp überholen wir auf der staubigen Piste voller Schlaglöcher einen kleinen klapprigen Lastwagen, auf dem über dreißig Menschen sitzen oder stehen, auf der Ladefläche, auf dem Kabinendach, auf den Kotflügeln. Auf der Anhängerkupplung hocken manche, hängen an den Seiten des Wagens, klammern sich an Stricke, Bolzen und Bretter.

Mancher könnte abstürzen. Aber was macht das schon. Sie alle sind schon abgestürzt: vertrieben, arbeitslos, staatenlos, ohne Perspektive. „Die waren in der Stadt", sagt mein Taxifahrer, „mit den paar Rupien, die sie sich zusammengebettelt haben, bezahlen sie die Fahrt. Sie müssen mal raus aus dem Lager, sonst fällt ihnen die Decke auf den Kopf." Nach einer Weile setzt er hinzu: „In der Stadt hängen sie aber auch nur herum, sie können sich nichts kaufen, nichts essen, nichts trinken. Aber es ist doch mal etwas anderes als nur das Camp. Frauen können das nicht."

Auf einem kleinen Platz zwischen schäbigen Bambushütten halten wir an. Ich steige aus. Neugierig drängen sich Kinder heran. Sie umringen mich. Mädchen wollen mir alles, was sie über das Camp wissen, erzählen. Mitten im Schwarm versuche ich, mich im Gassengewirr zu orientieren.

In jeder der kleinen provisorischen Hütten von Khudunabari, die schon seit Jahren zur Behausung auf Dauer geworden sind, leben bis zu zehn Menschen. Feuer brennen, unter den Vordächern wird gekocht, Wassereimer werden geschleppt, überall hängt Wäsche.

Zwölftausend Flüchtlinge aus Bhutan leben allein in diesem Camp, achtundachtzigtausend in sechs anderen Lagern im Osten von Nepal, dreißigtausend noch in Indien.

Meine Wirtin in Kakarbhitta, der Grenzstation zwischen Nepal und Indien, hatte heute Mittag meinen Meldezettel gelesen und gefragt: „Sie sind Journalist? Dann kommen sie wegen der Camps." Ich hatte noch nie etwas von diesen Lagern gehört. Sie hat mir erzählt, worüber hier nur wenig gesprochen wird. Ich bin dann über eine Stunde mit einem Taxi hierher gefahren.

Die Flüchtlinge stammen aus dem Süden Bhutans. Sie sind vor vielen Jahrzehnten aus Nepal eingewandert, manche Familien schon im späten 19. Jahrhundert. Sie werden Lhotsamba genannt – „Südländer". Sie lebten in der erst wenig besiedelten Tiefebene des Landes. In den 80er Jahren des vorigen Jahrhunderts begann die Regierung Bhutans mit einer ethnischen Säuberung. Eine strenge Kleiderordnung wurde vorgeschrieben – alle Einwohner Bhutans sollten dazu verpflichtet werden, dicke traditionelle Wollkleider zu tragen –, für die Einwohner in den Bergen weniger ein

Problem, für die eingewanderten Nepalesen in der heißen Ebene eine Zumutung. Sprachvorschriften kamen hinzu. Seit 1988 wurden die Bhutannepalesen systematisch diskriminiert. Wer kein schriftliches Dokument vorweisen konnte, dass die Familie schon vor 1958 im Land lebte, wurde vertrieben. Zehntausende von Flüchtlingen strömten über die Grenze nach Indien, dort wollte sie kaum jemand aufnehmen. Die meisten zogen weiter nach Nepal. Und dort sitzen sie nun in Lagern, arm, auf Hilfe von außen angewiesen, ohne Rechte, ohne einen Pass.

Achttausend Flüchtlinge durften 2008 in die Vereinigten Staaten auswandern. Was hilft das schon! Viele Hilfsorganisationen bieten ihre Hilfe an, richten psychologische Beratungsstellen ein, geben den Kindern Schulunterricht. Nur löst das nicht das Problem. So kommt es auch zu Spannungen zwischen den Flüchtlingen, zu Aggression und zu Lethargie. Alkohol wird zum Problem, die häusliche Gewalt nimmt zu, die Fälle von sexuellem Missbrauch wachsen. Gleichzeitig steigen die Geburtenraten. In den Lagern kommen doppelt so viele Kinder zur Welt wie in den Dörfern in der Nachbarschaft. Ein Nährboden für maoistische Ideen, die wiederum der Regierung von Nepal nicht gefallen. Manche Flüchtlinge wollen zurück nach Bhutan, wo sie Land besessen haben, das enteignet wurde. Sie wollen zurück, selbst auf die Gefahr hin, dass sie weiter verfolgt werden. Bewaffnete Polizei patrouilliert im Camp. Ich spüre das Misstrauen der Menschen untereinander. Es richtet sich auch gegen mich. Erst haben sie mir bereitwillig von ihrer Lage erzählt, jetzt aber scheinen ein paar Männer gegen mich zu hetzen. Die Stimmung schlägt um, die Kinder haben sich schon lange zurückgezogen. Der Taxifahrer fürchtet um seinen Wagen. Er fährt schon voraus. Ich laufe ihm nach.

Vier Rupien

Trübes Licht im Inneren des ehemals weiß gekachelten Gastraums mit halb blinden Spiegeln, schwarzem steinernem Handwaschbecken und rosa Flüssigseife. Kaum einer spricht mit seinem Nachbarn am Tisch. So früh am Morgen tut man das nicht. Jeder greift mit der rechten Hand ins lauwarme Curry, wischt die gelbe Soße in den Mund und kaut vor sich hin.

Noch ist es angenehm kühl. Keiner der Ventilatoren stöhnt und kreischt. Oft kommt einer der Boys vorbei, räumt Teller ab oder wischt die Tische sauber. Das sind kleine Jungen, ich schätze sie auf sechs bis neun Jahre, die vom Chef des Lokals angeraunzt werden, wenn Fettschleier auf dem Kunststoff zurückbleiben.

Der Kellner bringt mir die Rechnung, einen winzigen Zettel mit Zahlen und Chiffren: sechsundzwanzig Rupien für zwei Eier mit Chili, Puri und einen Becher schwarzen Tee. Sechsundzwanzig Rupien, das sind gerade mal dreißig Euro-Cent. Der Kellner kommt mit dem Wechselgeld zurück. Vier Rupien lasse ich auf dem Tisch liegen: für den Boy. Er steht direkt neben mir. Er will danach greifen. Der Kellner ist schneller. Das Kind schreit kurz auf und verstummt sofort wieder. Ein Blick genügte.

Morgen will ich es geschickter anstellen.

Ich gehe oft hierher. Dieses kleine indisch-chinesische Restaurant liegt direkt neben meinem einfachen, von Sikhs geführten Hotel beim New Market in der Innenstadt von Kolkata. Hier fühle ich mich angenommen. Seit Jahren schon.

Der Duft von Puri, dem frittierten Fladenbrot, das wie ein Ballon aufgeht und, sticht man hinein, in sich zusammenfällt, zeigt mir den Weg. Der Puribäcker steht vor dem Lokal auf der Straße. So kann der Rauch besser abziehen. Die scharfen Soßen stehen in hölzernen Schalen vor ihm aufgereiht. Gelb, rosa, rot, grünlich, beige und grün.

Heute, zwei Tage später, ist es ein anderer Boy, der abwischt. Er muss von mir gehört haben. Er schleicht um mich herum, wischt Flecken vom Tisch, die nicht zu erkennen sind, und fragt mich, ob ich gut geschlafen habe und so. Der Chef scheucht ihn fort und weiß, was ich wünsche: „Eier mit Chili, Puri und einen Becher schwarzen Tee ohne Zucker. Oder?“ Ich nicke.

Heute kostet das Frühstück vierundzwanzig Rupien. Vielleicht ein Rabatt für Dauerkunden. Drei Rupien lasse ich unter dem Teller, den kein Chef und nur selten ein Kellner wegräumen wird.

Ich sehe: der Boy beobachtet mich genau.

Als ich das Lokal verlasse, hat er schon den Teller abgeräumt und das Geld eingesteckt. Er verbeugt sich, als ich hinausgehe.

Der Chef ist sauer, der Kellner auch. Natürlich haben beide gesehen, was hier vor sich geht. Einer zieht den Boy leicht am Ohr, der andere hat nur einen strafenden Blick.

Das Kind grinst: „Gewonnen!"

Am nächsten Morgen muss ich wieder sechsundwanzig Rupien fürs Frühstück bezahlen. Vielleicht gefällt dem Management meine Art der Geldverteilung nicht. Wer Chef oder Kellner ist, dem gebührt ein Trinkgeld. Wer lernt, der darf irgendwann einmal darauf hoffen.

Jetzt noch nicht!

Später sage ich zu meinen neuen Freunden:

„Heute ist mein letzter Tag. Für dieses Jahr. Aber ich komme wieder."

Der Kellner wird dann der Chef sein und einer der Boys der Kellner.

Nur ich werde sein, was ich bin. Oder?

Warten lernen

Menschenschlangen vor Bahnschaltern, in Flughallen, an Kinokassen, beim Sicherheitscheck, vor beliebten Lokalen, in der Metro, an Bushaltestellen. Warten gehört zum indischen Lebensgefühl. Es wird vielleicht nicht immer gerne gewartet, aber in der Regel mit viel Gelassenheit und Humor, auch einmal mit ernsthaften Kämpfen um vorderste Plätze, aber genauso mit einem: „Bitte, gehen Sie doch vor!"

Natürlich kann sich ein Tourist für wenige Rupien sein Bahnticket vom Hotelboy kaufen lassen, der dann stellvertretend wartet. Aber wer nicht in indischen Schlangen gestanden hat, der ist, glaube ich zumindest, um einige Erfahrungen ärmer!

Inder stehen, wenn sie warten, sehr dicht hintereinander, auf Tuchfühlung. Mitteleuropäer können sich oft nur schwer an diese Nähe „Haut an Haut" gewöhnen.

Tritt einer der Wartenden nur einen halben Schritt aus der Reihe, weil er etwas freier atmen möchte, schon ist sein Platz besetzt. Alle sind aufgerückt. Nichts ist schwieriger, als wieder hineinzufinden in die Schlange, meist unter Verlust von drei bis vier Plätzen. Du wirst zurückgestuft.

Bist du nun fast am Ziel, vor einem Schalter zum Beispiel, dann drängen sich regelmäßig die, die hinter dir stehen, vor, reichen ihre Papiere an dir vorbei, unter deinen Armen hindurch, um ja schneller dranzukommen. Oft kommt einer, häufig sind es auch mehrere, die nie in dieser Reihe gestanden haben, und strecken ihr Geld einfach so von der Seite an den Wartenden vorbei durch das Schaltergitter, mit einer Attitüde, als wollten sie sagen: „Ich bin zuerst dran!" Oder: „Ich habe ein Vorrecht und bin befugt, mich vorzudrängen."

Das alles geschieht in aller Höflichkeit, doch auch mit etwas Ellenbogeneinsatz. Nur wer dagegen hält und Verdränger anspricht, der wird ernst genommen. Es wird sogar erwartet, weil ein kleiner, aber deutlicher Hinweis die ursprüngliche Reihenfolge oft wieder herstellt.

Viele Arten von subkutanen Drängelmethoden gehören zum täglichen Ritual. Auch eine freundliche Bitte: „Ich habe es eilig, mein Zug fährt gleich", hat Erfolg. Denn alle machen das so.

Nur mit zornig verzogenem Gesicht seinen Unmut zu äußern, das ist die schlechteste Methode. Wut, Zorn und die gewisse Strenge im Gesicht wird mit freundlichem Lächeln beantwortet. Es ändert aber nichts. Besser ist, selbst gelassen zu bleiben, die Hand zur Seite zu schieben und immer noch lächelnd es ebenso zu tun wie der Vordrängler selbst. Das bringt Anerkennung. Auch Touristen werden dann halbwegs als normale Menschen akzeptiert.

Schlange stehen, das ist eine Lust für Leute, die kommunizieren wollen. Wer weiter hinten wartet, der unterhält sich noch mit Menschen aus anderen Warteschlangen, oder er wird unterhalten von dem, der direkt hinter ihm steht und ihn nach woher und wohin ausfragt. Nach vorne erkundige ich mich nach dem Ziel einer Reise, wie es dort aussieht, und ob ich dort auch einmal hinfahren sollte.

In den Schlangen rücken Menschen, je näher sie dem Schalter kommen, immer dichter aufeinander. Dabei spüre und rieche ich einen Atem im Nacken, oft mit Pfefferminzgeruch. Natürlich auch Gerüche nach Curry oder anderen herben, durchdringenden Schwaden, je nach der Färbung des Hemds oder der Frische der Haut. Gestank oder Duft, das ist relativ.

Natürlich passiert es dem ungeübten Touristen häufig, dass er auf dem Antrag für eine „Bahnkarte mit Reservierung" die Zugnummer nicht korrekt eingetragen hat. Der Schalterbeamte, auch wenn er die Nummer genau kennt, verbessert das nicht. Das muss der Reisende selbst erledigen. Da in Indien viele Fahrpläne nur in der jeweiligen Landessprache ausgedruckt sind, muss der Europäer vor dem Schlangestehen einen Menschen, von dem er glaubt, dass er neben der jeweiligen Landessprache auch Englisch versteht, bitten zu übersetzen.

Indien ist ein Land von kommunizierenden Menschen. Das macht die Sache einfach. Natürlich muss ein Antrag auf eine Bahnkarte im Liegewagen sehr korrekt ausgefüllt werden: Die Unterschrift auf dem Antrag darf nicht fehlen, das Datum, die Abfahrtszeit, die Zugnummer, die Adresse in Indien, und, nicht zu vergessen, mein Alter. Und selbstverständlich, welcher Doktor zu konsultieren ist, falls ich im Zug Beschwerden bekommen sollte. Und was ich im Ernstfall wünsche und erhoffe ... Einfach hinter der Frage einen Strich zu machen, das wird selten akzeptiert. Wer nicht kommunikativ ist und bei all diesen Fragen ungeduldig wird, der landet auf einer Warteliste.

Nichts ist schöner, als endlich seine Fahrkarte in der Hand zu halten. Dann stelle ich fest, dass das Oberbett, das ich angekreuzt habe, ein Unterbett geworden ist, oder der Zug für morgen Abend gebucht ist und nicht für heute Nacht. Das macht aber nichts. Du musst dich nur noch einmal anstellen und das Ticket tauschen. Das kostet nichts.

Es ist eine Lust, in Indien warten zu lernen!

Wohin, Mister?

Er hat sich seinen Namen auf den linken Unterarm tätowieren lassen, dicht ans Handgelenk, dorthin, wo Europäer ihre Uhren tragen.

CHETTY in Großbuchstaben.

Chetty, das kommt von Chetan, das heißt „Leben".

Er ist der Fahrradrikschafahrer, der vor meinem Quartier in Agra auf mich wartet. Ich frage ihn, warum er sich seinen Namen hat einstechen lassen.

„Damit mich jeder sofort erkennt. Die Touristen wissen nach einer Stunde nicht mehr, wie ich aussehe. Sie erkennen mich nicht wieder! Auch wenn sie mich bestellt haben! Sie haben mir nie richtig in die Augen gesehen! Wer sieht schon einem Rikschafahrer ins Gesicht!"

Er lehnt sich leicht zurück und hebt den Kopf. „Mir könnte das nicht passieren. Ich erinnere mich an jeden, genau! Für Touristen sehen wir Rikschafahrer alle gleich aus. Mit meinem Namen am Handgelenk weiß jeder sofort: Das ist CHETTY! Das ist gut fürs Geschäft!"

„War das deine Idee?"

„Natürlich, meine Idee!"

Er lacht.

„Ich habe viele gute Ideen!"

Ich steige ein. Er fährt los, die Straße bergab.

„Wie alt bist du?", frage ich.

„Siebzehn."

„Wo hast du Englisch gelernt?"

„Auf der Straße!"

„Bist du nicht zur Schule gegangen?"

„Doch, zwei Jahre. Dann habe ich gearbeitet. Als ich acht war, habe ich Motoren ausgebaut. Immer war alles voller Öl. Ich habe mir einen Finger gebrochen. Der ist schlecht verheilt. Sie haben mich rausgeworfen. Nach vier Jahren! Rikschafahren, das ist ein besserer Job."

Es geht jetzt bergauf. Er beginnt zu schnaufen.

Früher schämte ich mich, wenn mich Fahrradrikschafahrer transportierten. Lässig saß ich, etwas schwankend, hinter dem Fahrer auf der Bank. Er strampelt sich vorne ab.

Aber ich habe gelernt, dass dieses Geschäft den Menschen ernährt. Er will und muss seine Rupien verdienen! Wenn ich nicht mit ihm fahre, hat er weniger!

„Du bist es doch, der mich füttert. Du schämst dich, von einem Menschen geschleppt zu werden, der sich sehr anstrengen muss? Du willst lieber zu Fuß gehen? Du bist ein reicher Mann. Du solltest dich schämen, wenn du nicht mit mir fährst und ich deshalb nichts zu essen habe!"

Chetty ist abgestiegen und schiebt seine Rikscha weiter den Hügel hinauf. Ich will aussteigen. Er lässt es nicht zu.

„Du bist der Boss! Du bezahlst mich fürs Fahren und nicht fürs Laufen!“

Er ist jung, schiebt kräftig und kann bald wieder aufsteigen.

„Wohin, Mister?“

Zerschnitten

In den äußeren Winkeln unter der Straßenbrücke hängen schwere Plastikplanen vom Brückenbogen hinab. „Ein Raum für zweihundert Flüchtlingsfamilien, wenn sie eng nebeneinander liegen. Oft sind es aber fünfhundert", erzählt mir der kleine Polizist mit Schnauzbart, der sich neben mich ans Brückengeländer gelehnt hat und plaudern möchte. Eine erste Anlaufstelle sei das für Gestrandete, die ihr Glück in Kolkata suchen.

Die Planen unter mir haben Risse und sind unzählige Male mit Juteflicken, Stricken, selbst mit Fischnetzstücken geflickt. Die hohen schweren Wände schwanken im Wind, wellen sich, flattern an den Rändern und wirken auf mich wie Segel, die gleich die ganze Brücke mit mir in die Luft heben werden. Wären diese Plastikplanen unten beschwert, glaube ich, längst hätte ein Sturm sie zerfetzt.

Täglich kommen Abertausende vom Land in die Megametropole Kolkata am Golf von Bengalen. Abgeschnitten vom alten Netzwerk „Großfamilie" in ihren Heimatdörfern, hoffen sie auf neue Kontakte und vor allem auf Arbeit. Kaum einem gelingt es, mehr als einen Job auf Zeit zu finden. Die

Flüchtlinge landen hier in einem der Brückenzelte, besetzen später, wenn sie sich orientiert haben, Straßenränder und Parks, Friedhöfe und Uferzonen der Kloakenbäche.

Kotfelder, das kann ich sehen und riechen, dehnen sich bis zu den Büschen am Ufer des Hooghly River aus. „Viele Zeltbewohner sind krank", sagt der Polizist. „Alte Leute und kleine Kinder sterben. Täglich werden Kranke und auch Leichen herausgeholt. Ich sorge dafür, daß alles geordnet abläuft."

Im Zelt war er noch nie. Es klingt, als wolle er mich mit seinen Geschichten erschrecken und zeigen, wie wichtig sein Aufsichtsamt auf der Brücke ist. Ich danke ihm für seine Auskunft, gebe ihm sein Bakschisch und gehe.

Ich will selbst verstehen lernen, wie Menschen unter einer Brücke überleben.

Am Flussufer spreche ich einen jungen Mann an. Er ist der Einzige, der auf meine Fragen auf Englisch antwortet. Mani ist zwanzig Jahre alt und eine verletzte Schulter macht ihm zu schaffen.

„Ich bin von einem Gerüst gestürzt", sagt er: „das ist schlecht verheilt."

Er lebt seit einem Monat im Zelt. Er fragt mich, wie viele in Indien, woher ich komme, ob ich verheiratet sei, wie viele Kinder ich habe und was ich hier auf dem Müllfeld neben der Brücke suche.

„Hier gibt's doch nichts zu sehen!"

Er lacht.

„Einen Abend, vielleicht eine Nacht möchte ich bei euch im Zelt sitzen, um zu verstehen, wie ihr hier lebt", sage ich endlich. „Glaubst du, das geht?"

Er sieht mich verständnislos an.

„Hast du kein Zimmer? Du siehst nicht so aus."

Sein Englisch ist ungeübt, irgendwann muss er aber eine Schule besucht haben.

„Drei Jahre", antwortet er auf meine Frage. „Dorfschule. Im Süden. Bis ich arbeiten musste. Mit neun. Auf den Feldern."

Er hat sich auf eine steinerne Balustrade gesetzt und trocknet seine Haut nach dem Bad im Fluss. Er wischt mit den Händen die Tropfen ab. Wir sitzen schweigend nebeneinander.

„Was willst du da drinnen? Mädchen angucken? Da mache ich nicht mit!"

Weil ich nicht sofort antworte, sagt er:

„Es stinkt. Es stinkt nach allem Gestinke, das du dir nicht einmal vorstellen kannst. Es ist so eng. Du kannst dich nicht umdrehen. Für die Frauen ist das noch schlimmer. Besonders für die Mädchen. Die schlafen oben auf den Gerüsten."

Er reibt seine Füße mit Sand ein, scheuert lange und sorgfältig, auch zwischen den Zehen. Ein Ritual. Ich lasse ihn allein.

Vom Curryverkäufer bringe ich zwei Portionen auf Palmblättern mit. Mani lacht, hält das Blatt dicht vor den Mund

und schiebt mit seinen Fingern den gelben feuchten Reis über die Lippen. Nichts bleibt übrig. Er reckt sich.

„Komm!“, sagt er plötzlich. „Häng dir ein Tuch über den Kopf. Doch das nützt auch nichts. Jeder wird sofort wissen, dass du ein Fremder bist.“

Im Inneren des Brückenzeltes: Lager aus zerschnittenen Kartons und Lumpen unter hohen Gerüsten aus Abfallholz. Manche Schlafplätze sind mit Tüchern wie Kojen abgeteilt. Kleider hängen an den verknoteten Enden der Querstangen, auch Plastikbeutel und Kochgeschirr. Unten die männlichen Schläfer, in der oberen Etage auf den Gerüsten trocknen farbige Bahnen von zerschlissenen Saris. Die Frauen und Kinder schlafen dort. Steile Leitern führen hinauf. Durch die Spalten und Löcher der Podeste kann ich Tücher sehen, aber auch Arme und Füße, herabhängendes schwarzes Haar oder ein Stück nackte Haut, das sich durch eine Ritze presst. Fast alle Plätze sind von Schläfern belegt. Nur Kinder steigen auf den Himmelsleitern ständig auf und ab. Mani flüstert mir zu, dass tagsüber viele schlafen, weil nachts andere Zeltbewohner die Betten brauchen.

Wir stehen in einem dunklen Winkel. Bald aber werden wir von Gesichtern beobachtet, die uns anstarren: verhärmte, bleiche, kranke, aber auch junge trotzige und neugierig lachende. Die stickige Luft lässt mich kaum atmen. Da und dort brennen Feuer. Die Rauchschwaden werden von den schwankenden Planen überall hin verteilt. Es brennt in den Augen. Die Gesichter sind vom Qualm wie verschluckt.

Irgendwo hinten werden Gebete gemurmelt, jemand weint, ein anderer singt. Es sind klagende, hohe, langgezogene Töne, die vom Beton des Brückenbogens zurückgeworfen werden. Ich habe mich erschöpft niedergehockt. Es ist wie ein Rausch aus widerhallenden Klängen, schweren, erdrückenden Gerüchen und unglaublich schmerzhaften Bildern, die mich überfallen.

Mani hat mich in den letzten Stunden allein gelassen. Vielleicht waren es nur Minuten. Er wartet vor dem Zelt, als ich durch einen Spalt hinaussteige. Er fragt mich nicht. Ich frage ihn nicht. Er nimmt meine Rupien, als hätten wir irgend ein Geschäft abgeschlossen.

Er begleitet mich bis auf die Brücke. Eine letzte Geste von ihm könnte bedeuten: „Du kannst ja heute Abend wiederkommen – wenn du noch willst.“

Für eine kritische Durchsicht, Rat und Hilfe danke ich:

Ruth Verroen
Anke Kornmüller
Dr. Ulrike Thimme
Thomas Pfeiffer
Monika Paschmann
Achim du Mesnil
Klaus Laaser

besonders aber meiner Frau Susan du Mesnil
für ihre liebevolle Kritik.

Gestaltung:
Die Qualitaner GmbH, Düsseldorf

Druck:
Kempkes Druck und Medien GmbH, Gladenbach

2. Auflage Juni 2013

Verlag Klaus Laaser, Marburg
www.verlag-klaus-laaser.de

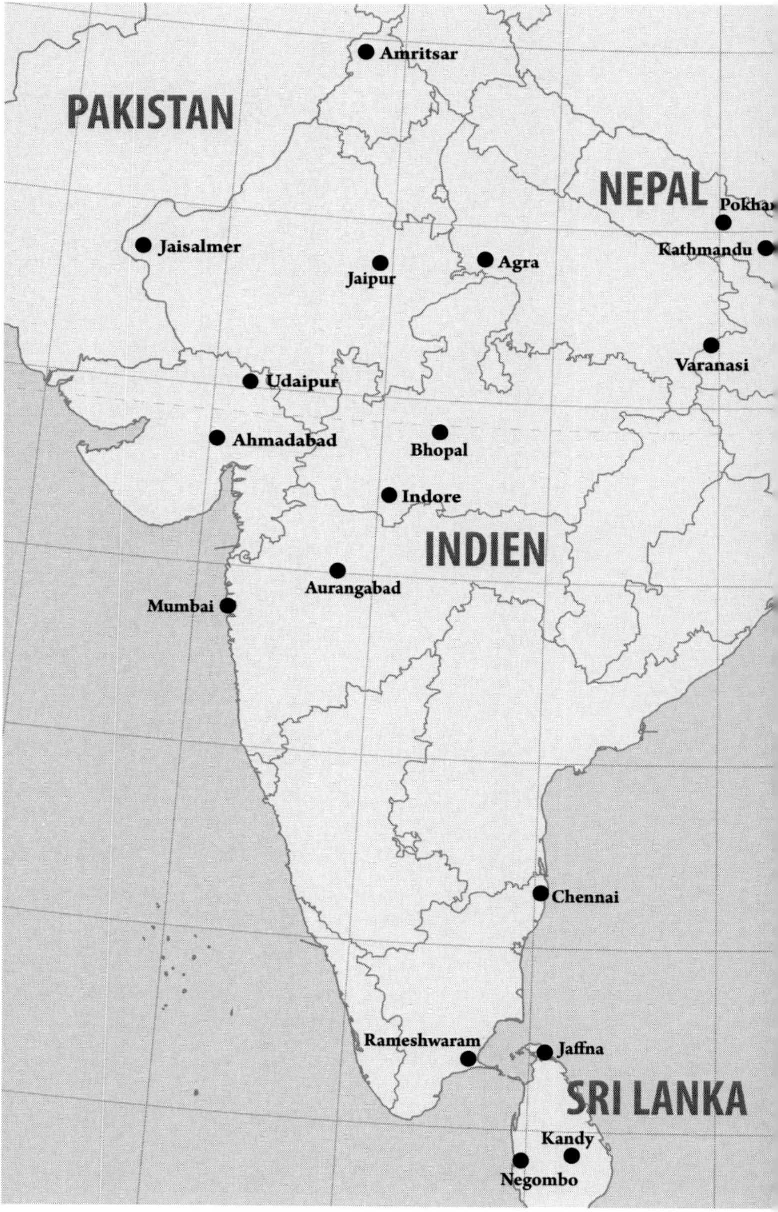
Amritsar
PAKISTAN
NEPAL
Pokha
Kathmandu
Jaisalmer
Jaipur
Agra
Varanasi
Udaipur
Ahmadabad
Bhopal
Indore
INDIEN
Aurangabad
Mumbai
Chennai
Rameshwaram
Jaffna
SRI LANKA
Kandy
Negombo

CHINA
BHUTAN
Sibsagar
Gangtok
Kalimpong
Guwahati
Kakarbhita
Dhaka
Sitakunda
Kolkata
Chittagong
MYANMAR
BANGLA-
DESH